소심한 순종

소심한 순종

초판 1쇄 | 2025년 1월 7일 펴냄

지은이 | 박경일
북디자인 | 루디아153
일러스트 | 강지민

펴낸 곳 | 도서출판 훈훈
주소 | 경기도 고양시 덕양구 소원로267
이메일 | toolor@hanmail.net
홈페이지 | blog.naver.com/toolor
인스타그램 | @hunhun_hunhun

평택 작은 교회를
꾸려가는
40대 목사의
작지 않은 이야기

소심한 순종

지은이
박경일

흔흔

일산 호수공원에서 만난 출판사 대표님은 흔들리는 벤치에 나란히 앉아 내게 말했다.

"책 제목은 <소심한 순종>이 좋을 것 같아요."

싫어하는 내색은 안 했지만 듣는 순간 딱 맘에 안 들었다. "소심"이라는 단어는 내 삶을 지겹도록 쫓아다니며 나 자신을 부정적 틀에 가둔 정체성이었기 때문이다. 그러나 대표님은 '소심한 순종'이라는 단어가 왜 좋은지 듬직한 말투로 조곤조곤 말했다. 잠재적 독자들의 호기심을 자극하고, '소심한 순종이라면 나도 할 수 있지 않을까' 하는 용기를 주어 책을 집어들 수 있게 만들 거 같다고 했다. 대표님의 만족스러운 표정이 썩 내키진 않았지만, '소심한' 마음에 일단 받아들이기로 했다.

출판 일정은 좀 더 정성껏 책을 내자는 핑계로, 실은 게으름 탓에 천천히 진행되었고, 생각지도 못하게 자연스레 설익은 글들은 말 그대로 컴퓨터 하드에서 숙성되어갔다.

수년 전부터 갖게 된 목회자 슈브기간(새해를 준비하고자 기도로 준비하는 시간)에 나는 경기도 가평에 있는 필그림하우스에 와 있다. 이 한 주간은 한 해 목회를 돌아보고, 내년 한 해를 기도로 계획한다. 그래서 방금까지 열심히 말씀도 읽고, 내년을 놓고 기도했다. 그러는 가운데 불현듯 내년 한 해의 목표가 떠올랐다.

"소심한 순종으로 큰 하나님 나라를 살자"

이 표어와 함께 마음에 떠오른 말씀 한 구절이 있다.

"내가 너희에게 말한다. 여자가 낳은 사람 가운데서, 세례자 요한보다 더 큰 인물이 없다. 그러나 하나님 나라에서는 가장 작은 자라도 요한보다 더 크다." 누가복음 7:28, 새 번역

예수님은 분명 여자가 낳은 사람 가운데 세례 요한보다 더 큰 인물이 없다고 하셨다. 그런데도 나는 마치 내가 큰 자라고 착각했던 걸까. 아니면 큰 자라고 믿고 싶었거나 큰 자는 아닐지라도 작은 자라는 사실을 끝내 부정하고 싶었는지도 모르겠다. 어찌하였든 작은 자의 마음인 '소심'이라는 단어가 맘에 들지 않았고, 내 깊은 내면에는 '누군가 내 작은 순종을 비웃으면 어떡하지?'라는 두려움이 막연히 있었던 것

같다.

그러나 이 말씀이 나를 납득시켰다. 나는 고개를 끄덕이고 말씀에 굴복할 수밖에 없었다.

'그래, 예수님이 말씀하신 대로 세례 요한이 제일 크지. 나는 작은 자이지.'

이 사실을 받아들이는 순간 나머지 뒤의 말씀이 내 작은 마음에 크게 들린다. '가장 작은 자라도 하나님 나라에서는 요한보다 더 크다.'

내 삶의 지나온 여정을 돌아보니, 소심한 순종을 했을 때 하나님과 가장 가까이 있다고 느꼈던 것 같다. 반면에 나 스스로가 작은 자인 것을 잊고 대단한 순종을 하려 할 땐 하나님과 다소 데면데면하였다. '대단한' 순종을 하려다 몸에 바짝 힘만 들어 정작 아무것도 안 했거나 결국 내 맘대로 한 일들이 몽글몽글 떠오른다. 그동안의 내 삶을 돌아보니, 모든 것이 하나님의 은혜요, 지극히 작은 자인 나를 참으로 신실하게 이끄셨다는 생각에 그저 감사할 따름이다.

글을 쓰고, 그 글들을 엮어 책을 낼 거라고는 상상도 못 했다. 나의 글 선생님이자 출판사 대표님에게 글쓰기 코칭도 받고, 깊은 속내를 나누던 차에 글을 써보라는 제의를 무모한 용기로 덥석 물었다. 누군가에게 글로 남길만한 대단한 이야기는 아니지만, 지나온 날들 가운데 하나님께서 주신 은혜들을 정리해보는 것만으로도 유의미한 일이겠다 싶었다.

　누군가 나의 글을 보고 작게나마 위로와 격려를 받아 따스한 봄 날 손등에 살짝 와닿는 바람에 괜스레 기분이 좋아지듯, 하나님을 떠올리고 그분이 기뻐하시는 작은 순종을 보일 수 있다면 더 바랄 것 없겠다. 필그림하우스 <천로역정>에 영어 한 문장이 눈에 띈다.

You are a pilgrim.

　그렇다. 우리는 모두 이 땅 가운데 아주 잠시 머물다 본향으로 돌아가는 많은 순례자 가운데 한 명이다. 그러니 대단하고 위대한 순종을 하려 하기보다 지금, 당장 할 수 있는 작고, 소심한 순종을 보이는 것이 이미 시작된 하나님 나라를 사는 것이 아닐까?

　매일매일 이렇게 사는 삶을 거쳐 결국 완전한 하나님 나라에 가닿을 거라 확신한다. 오늘도 각자의 자리에서 힘써 하나님께 순종하며, 요한보다 큰 자들로 사는 모든 순례자에게 아낌없는 박수를 보낸다.

2025년 1월

박경일

part 1

이름값은 해야지

첫 번째 이야기_

'외 1명'

학창 시절 나는 다소 현실감이 떨어지고, 공부 외적인 것에 관심이 많은 학생이었다. 중학생 때 나는 마치 농구부 선수 출신인 양 농구에 미쳐 있었다. 학업이 이루어지는 교실보다 학교 운동장 한쪽 구석에 있는 농구장에 더 오래 머물렀다. 하루에도 몇 시간씩 스테판 커리(미국 프로농구 슈퍼스타)처럼 드리블을 연습하고, 스텝을 맞춰가며 레이업 슛을 갈고닦았다. 마치 도장 깨기라도 하듯 타 중학교의 농구 좀 한다는 동급생들과 정기적으로 농구 시합을 했다.

한때 나의 꿈은 휘문고에 진학하는 것이었다. 휘문고는 농구 명문고로 90년대 최고의 농구 스타였던 서장훈, 현주엽 선수의 모교이기도 하다. 나는 이 스타들의 후배가 되고 싶었다. 농구에 대한 나의 마음은 진심이었다. 이런 나의 농구 사랑을 잘 아셨던 아버지는 철공 기술자에게 농구 골대를 손수 제작 의뢰하셔서 집 마당에 설치해 주기도 하셨다. 휘문고 진학을 꿈꾸며, 나는 밤늦도록 수제 농구 골대에서 연습과 훈련을 반복했다. 그러나 중3 여름방학을 지나, 나의 꿈은 산산조각이 났다.

'아, xx 망했다.'

여름방학을 마치고 등교한 첫날, 방학 직전까지만 해도 나보다 작았던 친구들의 신장이 10cm 넘게 훌쩍 커버린 게 아닌가. 시쳇말로 현타를 맞았다. 정작 커야 할 사람은 나였는데, 농구에 1도 관심 없던 친구들의 키만 콩나물시루같이 많이도 자란 것이다. 휘문고? 농구선수? 처음부터 망상이었음을 깨달았고, 농구에 대한 나의 열정은 급속도로 식어버렸다.

고등학생이 된 나는 여전히 현실감이 떨어졌다. 간절한 바람과는 달리 신장이 크지 않은 나의 관심사는 농구에서 노래로 바뀌었다. 본래부터 노래하는 것을 좋아하기는 했지만, 한 번도 노래나 음악을 전공으로 삼고자 하는 생각을 해보지는 않았다. 그랬던 내가 농구선수라는 꿈을 접으면서, '음악을 전공하고 싶다'라는 막연한 바람을 갖게 됐다. 사실 음악을 전공하기에 시기적으로 이미 늦었을 때였지만 교회에서 노래 좀 한다는 소리를 몇 번 들었던 나는, 겁도 없이 나의 탁월한 음악적 재능으로 그 차이를 충분히 극복하리라 여겼다.

곧바로 나는 피아노 학원에 등록했고, 중학교 때부터 성악 입시를 차근차근 준비한 절친 동현이를 따라 음대생 형에게 성악 교습을 받았다. 포기는 빨랐다. 피아노 학원은 다닌 지 두 달 만에 원장선생님의 히스테리가 심하다는 이유로 그만뒀고, 성악은 비싼 레슨비를 핑계 삼아 딱 한 달 만에 그만뒀다.

피아노와 성악은 그만뒀지만, 노래 사랑은 계속됐다. 중학교 때부터 늘 나의 노래방 친구였던 박은기. 은기는 나처럼 다소 현실감이 떨어지는 꿈 많은 친구였다. 은기는 가수가 꿈이었다. 나와 친구의 구체적인 목표는 달랐지만, 분명 일치되는 지점이 있었다. 그런 우리는 고등학교를 졸업하기 전 특별한 시간을 만들어보기로 뜻을 모았고, 학교 축제에서 듀엣으로 함께 노래를 부르기로 했다.

　　우리는 예선을 D-day로 열심히 준비했다. 준비하는 과정은 처음부터 쉽지 않았다. 이유는 나도 친구도 돋보이고 싶어 했기 때문이다. 누가 노래를 먼저 시작할지, 누가 멋진 후렴을 부를지 파트를 나누는 일부터 쉽지 않았다. 내가 100번 양보해서야 겨우 파트가 나눠었고, 예선 당일까지 우리의 준비는 미흡했다. 그렇게 우리는 예선을 맞았고, 심사위원이 계신 교무실에서 우리는 예선전을 치렀다. 예선 곡은 가수 조성모의 <All For Love>였다.

　　어렴풋한 당시 기억으로 교무실 창가는 학생들로 북새통이었다. 거짓말을 조금 보태면, 한때 인기를 끌었던 TV 오디션 프로그램 <슈퍼스타K>를 방불케 했다. 누가 누가 잘하나 숨죽여 지켜보던 학생들은 참가 학생의 노래 실력이 수준 이하면 남자 고등학교답게 엄청난 야유를 퍼부었고, 잘 한다 싶으면 열화와 같은 환호성을 질러댔다. 우리의 시작은 미약하였으나 나름 선방했다. 다행스럽게도 나와 은기는 학생들의 열화와 같은 성원에 예선전을 가볍게 통과했다. 나로서는 아주 만족스러웠다. 단연 내가 돋보였기 때문이다. 평소 내 파트너 은기의 꿈이 가수란 걸 잘 알았던 친구 몇몇이 은기의 꿈이 가당치나 않다는 듯 내게 귓속말로 "네가 훨씬 잘하더라" 얘기해주는 바람에 내 목엔 한껏 힘이 들어갔다.

그렇게 우리는 축제 당일을 맞았다. 본무대에서 우리가 부를 노래는 당시 인기 가수 야다의 <이미 슬픈 사랑>이었다. 나로서는 썩 마음에 들지 않는 선곡이었는데, 이유는 고음이 너무 많은 탓이었다. 나는 몇 번이고 우리가 잘할 수 있는 곡으로 본무대에 서자고 했으나, 예선에서 실력 발휘를 못 한 까닭이었을까? 은기는 끝까지 이 곡을 고집했다. 이런 탓에 나는 축제 당일까지도 기분이 별로 좋지 않았고, 엎친 데 덮친 격으로 내가 전혀 생각지도 못한 곳에서 나의 분노는 극에 달하고 말았다. 당일 배포된 축제 순서지 때문이었다. 순서지에서는 듀엣으로 참가한 우리 둘을 이렇게 소개하고 있었다.

박은기 외 1명

내 두 눈을 의심했다. 합격자 명단을 확인하듯 손으로 이름을 짚어가며 꼼꼼히 확인했다. 다른 참가팀 중에는 5명으로 구성된 댄스팀도 있었는데, 순서지에 그들의 이름은 하나하나 다 소개되어 있었다. 그에 반해 우리는 단 둘뿐이었음에도 나를 '외 1명'으로 소개한 게 아닌가! 거울을 보진 않았지만 내 얼굴은 40도가 넘는 열병을 앓을 때처럼 뜨거웠다. 마음이 진정되지 않았다. 그래서였을까? 본무대 중 노래의 절정 부분에서 확실한 음 이탈을 수백 명 앞에서 내는 바람에 개망신을 당했다. 그리고 한동안 나의 별명은 '외 1명'이었다. "야! 외 1명"

모든 것이 엉망진창 와장창, 이었다. 모든 것이 원망스러웠다. 순서지 만든 인간을 명예훼손으로 고소하고, 당시 주최 측의 상을 뒤엎고 싶었다. 그러나 나의 분노를 어디에도 말할 수도 없는 노릇이었다. 내게는 미쳐 날뛸 일이었지만, 다른 이들에게는 (티도 안 나는) 별일이 아니었기 때문이다. 괜히 누군가에게 말했다가 소심한 놈이 될까 싶어 아무에게도 항변하지 못했다(그 후 세월이 흘러 은기는 삼수 끝에 명문대 뮤지컬 학과에 진학했고, 나는 생각지도 못한 목회자가 되었다…).

축제 다음 날, 전날 무슨 일이 있었냐는 듯 학교는 아무 일 없이 조용하고 지루했다. 나를 제외한 친구들도 이전처럼 다시금 입시와 불확실한 미래를 준비하느라 여념이 없었다. 분명 친구들은 내게 별 관심을 두지 않았다. 그런데도 나는 이따금 나와 눈이 마주치는 친구들이 히쭉히쭉 나를 비웃는 것처럼 느껴졌다. 도망치고 싶었다. 그러나 그럴 수 없었다. 전날 있었던 분노와 부끄러움의 일을 핑계 삼기에는 스스로 생각해도 뭔가 좀… 이별의 아픔엔 시간이 약이라는 이치에 맞지도 않는 말을 부둥켜 잡고, 한동안 머리를 땅에 박은 채 꾸역꾸역 그 시간을 지났다.

영원히 나의 흑역사로 남을 것만 같았던 '외 1명'의 사건. 이 사건은 언제부턴가 내게 소중한 삶의 지침과 지향점으로 바뀌었다. 세례 요한이 예수님을 향하여 "그는 흥하여야 하고, 나는 쇠하여야 하리라"라 했던 것처럼, 사도바울이 "내가 그리스도와 함께 십자가에 못 박혔나니 그런즉 이제는 내가 사는 것이 아니요 오직 내 안에 그리스도께서 사시는 것이라…" 했던 것처럼, 이제 나는 주님 외 1명으로 살기를 원한다.

> 내가 그리스도와 함께 십자가에 못 박혔나니 그런즉 이제는 내가 사는 것이 아니요 오직 내 안에 그리스도께서 사시는 것이라 이제 내가 육체 가운데 사는 것은 나를 사랑하사 나를 위하여 자기 자신을 버리신 하나님의 아들을 믿는 믿음 안에서 사는 것이라
> (갈라디아서 2:20, 개역개정)

내 속에 여전히 돋보이고 싶고, 인정받고 싶고, 내 이름 석 자 크게 떨치고 싶은 욕구가 불쑥불쑥 샘솟기도 하지만. 그래도 이제는 안다. 최소한 무엇이 옳은지 그른지 말이다.

'외 1명', 아름답지 않은가?

널 만든 내가 있다

나는 모태 신앙이다. 태어나면서부터 십자가를 물고 태어난 셈이다. 교회(정확히는 예배당)는 내게 놀이터였고, 아지트였다. 주일학교를 다니는 내내 교회 선생님과 목사님(전도사님)으로부터 사랑받고 있다는 느낌을 받았다. 그래서 교회는 언제나 내 집처럼 편안했고, 모태신앙이었던 나는 스스로 교회를 다닌다는 사실에 만족스럽게 여겼다.

이런 내게 중학교 2학년 때의 국어 시간은 크나큰 충격이었다. 당시 국어 선생님은 옆 교회 집사님이셨다. 이런 까닭에 나는 선생님께 막연한 동질감? 친근함? 비슷한 것을 느꼈고, 신뢰하는 마음을 갖고 있었다. 지성인이요, 믿음의 사람이니까.

내가 이토록 지지를 보냈음에도 선생님은 어느 수업 시간에 나를 배신하듯 내 신뢰를 무참하게 짓밟으셨다.
"하나님이 사람을 만든 게 아니다."
"사람이 연약한 존재여서 의지할 절대자가 필요했을 뿐이다."
"이런 이유에서 사람이 하나님을 만든 것이다."

이 무슨 청천벽력 같은 소리인가. 혼란스러웠다. 모태신앙으로 당연히 하나님이 사람을 만들었다고 배웠고, 믿었던 나였는데. 하나님이 사람을 만든 게 아니라 사람이 하나님을 만들었다는 그 말에 나는 몇 날 며칠을 고민했고, 끙끙 앓았다.

정말 그랬다. 하나님의 존재에 대해 의심 없이 믿어왔지만, 생각해보니 나는 단 한 번도 하나님을 본 적도, 그분의 음성을 들은 적도 없었다. 그저 그동안 나는 그리스도교에 세뇌되었을 뿐이고, 거짓에 속았구나 싶었다. 그렇게 나는 무신론자가 되기로 했다.

하지만 이후 나의 겉으로 드러난 삶은 크게 달라진 것이 없었다. 착한 아들이었던 나는 여전히 교회에서 살았고, 임원도 하고, 성가대도 하며 부모님 마음에 안정감을 주었다. 열심히 신앙생활을 하셨던 부모님께서 용돈을 주시지 않거나 밥을 주시지 않고 내쫓을까 싶어 나는 이전과 똑같이 교회 생활을 꾸준히 이어갔다. 반면, 속내는 이전과 사뭇 달랐다. 모든 게 쇼 같았고, 교인들 모두가 거짓에 속아 놀아나는 것처럼 보였다. 더는 내게 하나님은 실재하지 않았고, 인간이 만든 허상일 뿐이었다.

'모두 바보 같군.'

나는 방황하기 시작했고, 오롯이 욕구에 충실했다. 본래 겁이 많은 터라 문제가 되지 않는 선에서 탈선과 비행을 일삼았다. 아주 소심하게. 스포츠, 친구, 술, 담배, 이성, 게임에 유한한 나의 자원을 쏟았다. 비록 방황했지만 나 자신을 철저히 감췄다.

"너는 공부는 열심히 하는데 왜 성적이 안 나오냐?"

선생님은 내게 완전히 속았다. 나는 열심히 하는 척했지 전혀 공부하지 않았다. 하마터면 나 스스로도 내가 공부를 열심히 한 줄 깜박 속을 뻔했다. 그러나 내 성적은 절대 속지 않았다. 상위권이었던 나의 성적은 점점 더 떨어졌고, 특수반(우열반)이었던 나는 고등학교 2학년 때, 평반으로 추락했다.

방황은 계속되었다. 나의 유한한 에너지를 꾸준히 허튼 곳에 쓰며, 재수하고 반수를 더해 대학생이 되었다. 그러나 여전히 꿈도, 하고 싶은 일도 마땅히 찾지 못했던 나는 그저 대학생 신분을 누렸다. 철저히 본능적 욕구에 충실하며 주초를 일삼았고, 연애하며, 게임에 심취했다.

지방 출신인 나는 방학이면 본가로 내려갔다. 오랜만에 만난 고향 친구들과 저녁 늦게까지 술을 마셨고, 밤새도록 PC방에서 젊음을 불태웠다. 집에서 PC방까지의 거리가 조금 떨어진 탓에 나는 늘상 부모님 차를 끌고 저녁 늦게 나가 다음날 아침 7~8시에나 귀가하기 일쑤였다. 어머니는 밤낮이 바뀐 생활을 하는 나에게 말씀하셨다.
"늦어도 2~3시(새벽)에는 들어와라."
(부모님이 정해주신 통금시간에 쫓겨 헐레벌떡 모임에서 뛰쳐나가는 친구들에게 어설프게 일찍 들어가지 말고, 차라리 자주 늦게 들어가면 통금시간이 늦어질 거라는 경험담을 자랑스럽게 들려주곤 했음).

어머니의 말씀에 양심의 가책을 느낀 걸까. 22살의 어느 겨울,

어김없이 부모님 차를 끌고 나가 PC방에서 친구들과 밤늦도록 게임을 했다. 하지만 그날은 평소보다 조금 일찍 새벽 4시 40분경에 PC방을 나섰다. 차는 추운 새벽 내내 밖에 세워 둔 터라 차가웠지만 이내 따뜻해졌다. 차가 있어 다행이라는 안도감으로 골목 이리저리를 지나며 귀가하고 있었다. 그런데 저 멀리 차창 밖에 잠이 덜 깬 채 부스스한 머리를 하고, 추위에 한껏 움츠린 아주머니 한 분이 눈에 들어왔다. 어둡고, 먼 거리였지만 한눈에 내 엄니(엄마라고 부르기에는 내 나이가 많고, 어머니라고 하기에는 부자연스러워 부르기 시작한 애칭)임을 알아챘다. 엄니는 새벽예배를 가시는 중이었다.

내가 탄 자동차는 엄니를 지나쳤다. 그때, 완전히 망가졌다고 생각했던 양심이 미세하게 작동하는 게 아닌가. 하는 수 없이 차를 돌려 엄니 옆에 세웠다.

"엄니 타, 교회까지 태워줄게."

"늦었으니 어서 가서 자."

차를 다시 돌려 집으로 왔다. 몸에 밴 PC방 담배 연기와 얼굴에 번드르르 흐르는 기름을 샤워로 씻어내고 잠자리에 누웠다. 그런데 도무지 잠이 오지 않았다. 엄니는 잠도 덜 깬 채로 새벽부터 교회 예배당에 가서 나를 위해 기도하시는데, 나는 부모님이 힘들게 번 돈으로 밤새도록 유흥이나 즐겼다니! 나 자신이 너무 한심하고 쓰레기처럼 느껴졌다(엄니는 새벽예배를 마치고 집으로 돌아와 밤늦도록 PC방에서 게임하고 자는 내 머리에 손을 얹고 소리내어 기도하곤 하셨다. 그때마다 나는 속이 뒤집힐 만큼 싫었지만, 엄마의 작전이 결실하는 순간이었다).

'더는 잉여 인간같이 살지 않고, 부모님을 기쁘게 해드리는 삶을 살아야지.' 나 자신과 약속했다. 그러고 나서 나 자신에게 물었다.

'부모님이 내게 가장 바라시는 것이 무얼까?', '뭘 해야 부모님이 가장 기뻐하실까?'

스스로 얻은 답은 '신앙생활'이었다. '신앙생활'이라는 답을 얻고, 열심히 해봐야겠다고 생각하는 순간, 마음 저 깊은 곳에 덮어두었던 문제가 아직 해결되지 않은 채로 남아 있음을 알았다. 그것은 바로 '하나님은 존재하는가?'라는 물음에 답을 찾지 못한 것이었다. 중학교 2학년 국어 선생님의 "하나님이 사람을 만든 게 아니라 사람이 하나님을 만들었다"라는 말에 동의한 까닭이다. '하나님은 없다'라고 잠정적 결론을 내린 탓에 믿고 싶었으나 믿을 수 없었고, 열심을 내고 싶었으나 한 걸음도 내디딜 수 없는 상황이었다.

모태신앙의 힘이었을까? 나는 하나님께 기도했다.
'하나님, 하나님이 정말 계신다면 저 한 번만 만나주세요.'
'그러면, 평생 하나님을 위해 살게요.'

이후 나는 비록 종교 생활이었지만, 무작정 열심을 냈다. 성가대도 다시 하고, 청년 예배와 소그룹 모임에도 참여하기 시작했다. 엄니가 그토록 바랐던 일, 누나가 간사로 일했던 선교단체 수련회에도 참석했다. 3박 4일 일정에 기겁했지만, 일단 하루 있어 보고 힘들면 1박 2일만 하고 돌아오겠다는 조건으로. 3박 4일의 수련회를 잘 마치고 집에 돌아왔다. 현관문을 열면서 "할렐루야" 했더니 엄니의 눈이 휘둥그레졌다. 그러나 여전히 나는 하나님의 존재에 확신하지 못하고 있었다.

그런 상태로 군에 입대했고, 놀랍게도 상병이 되었을 때야 비로소 하나님의 존재에 확신하게 되었다. 세면대에서 세수하는 어느 날, 비누가 비눗갑이 아닌 플라스틱 컵에 담긴 것이 눈에 들어왔다. '군대가 참 돈이 없네'라고 생각하는 찰나, 내 깊은 마음과 생각 저편에서 음성? 깨달음? 같은 소리가 들렸다.

'이렇게 하찮은 컵도 만든 사람이 있으니 여기 있지 않니? 널 만든 내가 있다.'

'아, 그렇구나! 이 컵을 만든 사람을 내가 보진 못했지만, 이 컵이 여기 존재하는 것만으로 만든 사람이 있다는 것을 아는 것처럼, 내가 하나님을 보진 못했지만, 내가 증거구나! 날 만드신 하나님이 계시는구나!'

그 순간 한 번도 보지 못했던 하나님의 존재가 확실히 믿어졌다. '하나님은 존재하는가?'의 질문에 "그렇다"라는 답을 얻으면서 나는 다시 유신론자가 되었다. 그러면서 자연스레 "태초에 하나님이 천지를 창조 하시니라." 창세기 1장 1절이 믿어졌고, 성경의 다음 페이지들이 읽히기 시작했다. 점차 성경은 나를 계속해서 어둠에서 빛으로, 새로운 것들에 눈을 뜨게 해줬다.

당시 상병이었던 나의 주업무는 해안 경계근무를 서는 거였다. 그때 나는 묵상이 뭔지도 몰랐지만, 자연스레 최고의 시청각 자료인 드넓은 바다를 보며 시편 103:12 말씀을 묵상했다.

'동쪽은 영원히 동쪽이고, 서쪽은 영원히 서쪽인데…….'
?!
그 순간 나의 모든 죄를 주님이 십자가에서 용서한 사실이 믿어졌다. 암만 생각해도 신비다. 이천 년 전에 십자가에 달려 죽으신 예수님은 저 멀리만 계셨던, 남의 이야기였는데, 처음으로 예수님의 십자가 사건이 내 마음에 와닿았다. 거짓말처럼 모든 것이 새로웠다. 근무를 서며 맞는 바닷바람과 눈앞에 흔들리는 나무들, 파도 소리는 모두 다 하나님을 높이는 찬양처럼 느껴졌다. 이상하리만큼 공기 냄새부터가 달랐다. 그렇게 하나님 자녀로서의 새로운 내 삶이 시작되었다.

모든 존재는 존재하게 한 누군가의 창조와 보냄을 받아 존재하는 것 같다. 자녀는 부모로부터, 모든 책은 저자로부터 독자의 손에 쥐어지고, 맛있는 식사는 주방에서 요리한 분의 수고로, 그 요리의 재료는 한여름에도 구슬땀을 흘리며 농부들이 맺은 결실이다. 그리고 그 모든 결실은 비, 토양, 적절한 기온의 공로이고, 조물주 하나님의 선물이다.

모든 것의 근원이신 하나님을 발견하자 놀라운 일이 일어났다. 그동안 보이지 않던 피조물 안에 숨겨진 주님의 흔적들이 보이기 시작했다. 참 자유와 기쁨을 조금씩 맛보게 되었고, 내가 누구인지, 내가 무엇을 위해 살아가야 하는지 조금은 더 알게 된 것 같다. 물론 그 여정을 계속 이어가야겠지만.

끝을 알 수 없었던 방황이 끝났다. 나 자신에게만 향하던 시선이 밖을 향하자, 절망의 소용돌이도 끝났다. 구원은 내 밖, 하나님께 있었다. 나의 구원이 그렇게 시작되었다. 여전히 흔들리고 주저하기도 하지만 하나님은 끊임없이 내게 자신을 드러내시며 구원을 이루어 가고 계신다. 다시 오실 때, 나를 완전한 구원으로 인도하시겠다는 약속에 더욱 소망이 생긴다.

구원, 모든 피조물의 주인이신 하나님을 발견하는 것이 아닐까?

볼지어다 내가 문 밖에 서서 두드리노니 누구든지 내 음성을 듣고 문을 열면 내가 그에게로 들어가 그와 더불어 먹고 그는 나와 더불어 먹으리라 요한계시록 3:20, 개역개정

주님은 나의 목자시니

십수 년 전 이야기다. 놀라운 계시(?)를 받았다. 다니엘서를 읽던 중, 다니엘과 세 친구의 이름이 바뀌는 대목이 내 마음과 생각에 강하게 와닿았다. 바빌로니아의 느부갓네살 왕은 포로였던 다니엘을 벨드사살로, 하나냐는 사드락, 미사엘은 메삭, 아사랴는 아벳느고로 이름을 새로 지어주었다. 이 구절을 읽는데 한 생각이 전혀 의도치 않게 머릿속을 꽉 채웠다. 하나님이 내 대학의 이름을 바꿔주겠다는 얼토당토않은 생각. 성경을 읽을 때 가장 경계해야 할 자의적 해석과 모양새가 너무나 흡사했다. 까마귀 날자 배 떨어지는 격이었고, 아무리 생각해도 이건 아니다 싶었다. 그런데도 나는 뭔가에 홀린 듯 생각이 멈추지 않았다. 생각지도 못한 '편입'이라는 것을 마음에 품게 됐고, 당장 준비할 수 있는 상황은 아니었던 탓에 마음 저 깊은 한편에 묻어두었다.

조금 시간이 흐른 뒤 '편입'이라는 단어가 내 속에서 꿈틀대기 시작했다. 그렇게 편입에 관한 정보를 조금씩 찾아보다가 우연히 여러 합격자 수기를 보게 되었다. 합격생 대부분이 하나같이 편입학원에서 공부했다는 사실을 알게 됐다. 절망스러웠다. 당시 나는 경제적으로 형편이 매우 안 좋았기 때문이다. 공무원이셨던 아버지의 퇴직금을 어머니가 일시금으로 찾아 송두리째 다단계에 투자하시는 바람에 빈털터리에, 빚까지 진 상황이었다. 기우는 가세로 나 역시 원치 않게 타던 차를 팔았고, 살던 전셋집을 빼고 당시 출석하던 교회의 배려로 교회 건물의 방 한 칸에 신세를 지고 있었다. 이런 내가 편입학원에 다니는 것은 꿈도 못 꿀 일이었다.

그러던 어느 날 기도하다 문득 '편입학원에도 근로장학생이 있지 않을까?'라는 생각을 했지만(고1 겨울방학 때, 잠깐 고모네 집인 인천에서 단과 학원에 다닌 적이 있었는데, 쉬는 시간마다 칠판을 지우며 공부했던 근로장학생이 떠올랐음) 나중에 알아봐야겠다는 생각만 하고 행동으로 옮기지는 않았다.

해가 바뀌고 새해가 막 시작된 2006년 1월, 나는 그날도 어김없이 지하 예배당에서 기도하고 있었다. 그런데 갑자기 더 미루지 말고 당장 학원에 전화해봐야겠다는 마음이 불붙듯 일어났다. 그래서 기도하다 말고 도중에 방으로 올라가 휴대전화를 들었다. 알아본 학원은 대방역 근처에 있는 두 곳이었다. 규모가 너무 큰 학원은 일단 패스하고 규모가 조금 작은 학원에 두근거리는 마음으로 전화를 걸었다. 뚜-뚜- 신호음이 울리자, 내 심장이 귀에서 뛰는 것만 같았다.

"이찬이 편입학원입니다."

나는 소심하고 어렵사리,
"저…기…. 혹시, 근로장학생 안 뽑나요?"

"어머! 학생, 혹시 학원에 왔다 갔나요? 제가 방금 게시판에 근로장학생 구한다는 공고를 붙이고 왔거든요. 일단 내일 학원으로 와보세요."

타이밍이 기가 막혔다. 말씀을 읽던 내게 대학 이름을 바꿔주시겠다는 오비이락(烏飛梨落) 같은 지극히 주관적 감동이 처음엔 긴가민가했지만, 이 사건으로 하나님의 뜻이 틀림없다고 확신했다. 누군가 했던 '하나님의 뜻이면, 모든 것이 술술 풀린다'라는 말이 이런 것이구나 싶었다. 다음날 학원을 방문했고, 첫 번째 근로장학생 지원자였던 나는 면접도 없이 바로 일하며 공부를 시작했다.

당시 나는 인천 계양구 효성동에 살았다. 대방동까지의 거리가 절대 가깝지 않았지만, 공짜로 학원에 다닐 수 있다는 기쁨에 그 먼 거리를 1년 동안 힘든지도 모르고 다녔다. 인천에서 새벽 첫 지하철을 타고 학원에 7시까지 도착하면 문을 열고, 청소하고, 수업 준비를 했다. 아주 가끔 늦잠을 자는 바람에 일찍부터 학원에 온 학생들에게 미안한 때도 있었지만 그런 날은 손에 꼽을 정도였다.

열심히 일했고 또 열심히 공부했다. 고등학교 졸업 후 영어를 손에서 놓은 탓에 처음엔 공부가 쉽지 않았다. 하지만 시간이 지나면서 기본이 조금씩 잡혀갔다. 매달 보는 모의고사에서 성적이 차츰 오르기 시작했다. 또 난생처음 그룹스터디를 하면서 날마다 100개, 200개, 300개씩 단어를 외웠다. '33000 단어장'이 너덜너덜해질 정도였다. 점차 나뿐만 아니라 다른 친구들의 성적도 함께 올랐다. 그 과정에서 어떤 때는 우쭐하기도 하고 또 어떤 때는 절망하기도 하면서 한 해를 정신없이 보냈다.

시험 날이 다가왔다. 원서 쓰는 기간이 되면서 마음이 분주했다. 공부는 마무리가 중요한데 집중하기가 어려웠다. 어려운 것은 이것뿐만이 아니었다. 원서비도 문제였다. 학원비는 몸으로 해결했지만, 원서비는 어쩔 도리가 없었다. 고맙게도 당시 사귀던 친구의 도움으로 10개 대학을 지원할 수 있었다.

결과는 지원한 10개 대학 모두 불합격이었다. 나보다 공부를 늦게 시작한 이들과 평소 모의고사 성적이 나보다 낮았던 동료 수험생들도 한 곳 이상은 다 합격했는데, 나만 어디에도 갈 곳이 없었다. 고통스러웠고, 참담했다. 편입에 성공하는 일이 어렵다는 것은 처음부터 알고 시작했지만 지원한 10개 대학 중 한 곳도 안 되리라고는 상상도 못 했다.

당시 내가 다니던 교회는 크지 않았고 50명 남짓했다. 모두가 나를 응원해 주었고, 나를 위해 오랫동안 기도했었다. 교인들은 하나님이 어떻게 행하실까 함께 기대하고 있었다. 더군다나 나는 어려운 형편이라 전셋집도 빼고, 교회 건물 4층의 방 한 칸에 신세를 지고 있었기 때문에 반드시 잘 되어야만 했다. 그러나 1년 동안의 내 수고는 허사가 되어버리고 말았다.

하나님의 뜻이라 확신하며 시작한 일이었다. 그래서였는지 결과를 얻지 못한 상황이 좀처럼 받아들여지지 않았다. 나 자신이 한심스럽고 증오스러웠다. 응원해 준 공동체에 미안한 마음은 나를 더욱 괴롭게 했다. 하나님께 원망과 의심을 쏟아냈고, 마음은 만신창이가 되었다. 그렇게 나는 골방에 틀어박혀 내일이 오지 않았으면 좋겠다고 생각하며 몇 날 며칠을 보냈다.

그러나 감사하게도 방구석에 처박혀 있는 나를 목사님(당시 다니던 교회 담임목사님, 내게는 멘토)은 자꾸만 밖으로 끄집어내셨다. 값비싼 음식도 사주시고, 기도원에도 데리고 다니시며 나를 위로하셨고, 내가 하나님을 놓지 않도록 도와주셨다. 이런저런 좋은 말씀도 많이 해주셨는데, 그 가운데 한 가지 조언의 말씀이 살포시 내 마음에 내려앉았다.

"하나님은 언제나 너에게 가장 좋은 것을 주시는 분이란다."
"이 한 가지 사실만은 잊지 말아라."

살아야 했기에 이 말을 온 힘을 다해 붙잡아 마음판에 새겼다. 그렇게 조금씩 마음을 추스르며 다시 살아갈 힘을 얻었다. 물론 실패로 인한 멍 자국은 크고 선명히 새겨진 채. 그렇게 나는 본래 다니던 학교에 조용히 복학해 공부했고, 복수전공까지 하며 3학년, 그리고 마지막 4학년을 정신없이 보내고 있었다.

졸업 준비로 정신없이 바쁜 시기에, 나는 이상하리만큼 신학을 해보는 것이 어떠냐는 제안을 많이 받았다. 한 번은 잘 알지도 못하는 분으로부터 내가 목회하지 않으면 다른 일로 고생만 하다가 결국엔 목사가 될 거라는 저주에 가까운 소리까지 듣는 불쾌한 일도 있었다.

'목사라고?'

'목사가 된다…?'

목사가 되는 일에 진지하게 고민하기 시작했다. 이전까지는 한 번도 목사가 되리라고 꿈꾼 적 없지만, 신학교에 가볼까 하는 마음을 한 적은 있었다. 찬양 인도를 하면서 회중에게 해야 하는 몇 마디 말이 왜 그렇게 부담스럽던지. 그때 막연히 신학교를 가면 깡통 소리(가벼운 멘트)는 나지 않을 수 있겠다는 가벼운 생각을 한 적은 있었다.

아무리 생각해도 아닌 것 같았다. 어렸을 때 목사가 되라는 말을 듣고 목사가 되는 일을 상상했던 적이 있었는데 그때 목사가 되지 말아야 할 이유를 분명히 찾았다. 첫 번째, 가난하게 살고 싶지 않았다. 그간 봐온 목사님들은 모두 가난했다. 나는 구질구질하게 살고 싶지 않았다. 두 번째, 새벽예배를 매일 할 자신이 없었다. 가끔 하는 것도 힘든데, 매일 한다는 것은 정말 상상도 할 수 없는 끔찍한 일이었다. 세 번째, 영적 상태가 바닥일 때가 걱정스러웠다. 하나님은 보이지 않으시기에 성도는 영적 상태가 바닥일 때, 목회자를 찾아가 상담할 수 있다. 그러나 목사는 영적 상태가 바닥일 때 어딜 찾아가겠는가? 찾아갈 사람이 없고, 스스로 그 어려운 시간을 씨름해야 한다는 사실이 어린 마음에도 부담스러웠다. 네 번째, 나는 목회자가 될 만큼 '거룩한 삶'을 살고 있지도, 살고 싶지도 않았다.

"나 같은 게 무슨."

그러나 시간이 지나면서 나 자신도 모르게 목회자가 되는 일에 조금씩 마음을 준비하는 나 자신을 발견했다.

매주 드리던 예배가 조금씩 달리 느껴졌다. 목사가 될 생각을 전혀 하지 않던 때에는 목사님을 통해 하나님이 어떤 말씀을 내게 하실까 기대했었다. 그런데 목사가 될지도 모른다는 마음이 생기면서 '아, 설교는 저렇게 하는 거구나', '아, 저런 때에는 저렇게 조언하는 거구나', '와, 목사라는 일이 누군가를 사랑하고 살리는 일이구나', '와, 목사님 멋지다. 나도 저렇게 멋지고 싶다?' 언제부턴가 생각과 마음을 스스로 통제하기가 어려웠다. 목사는 나와 전혀 다른 차원의 존재라고만 생각했는데 점점 친근하고 가까워지는 느낌이었다. 기도를 하면 목회자로 부르시는 주님의 마음이 느껴졌고, 말씀을 읽으면 모든 말씀이 다 목회자로 부르시는 주님의 뜻으로 다가왔다. 어쩔 도리없이 나는 결국 '이런 저라도 필요하면 쓰세요'라는 순종의 고백을 했다. 두려움에 주저하기도 했지만, 주님이 도와주실 거란 생각이 들어 목사가 되기로 최종 결정을 했다.

당시 섬기던 교회 목사님께 말씀드렸더니 내 결정에 기뻐하시며 응원해 주셨다. 이미 본인께서 훨씬 오래전부터 내게 목회자가 되라고 권하신 적이 있다는 말씀과 함께. 그러시곤 기왕이면 신학대학원에 바로 가지 말고, 학부로 편입해 기독교교육을 공부하면 좋겠다고 하셨다. 학부를 또 해야 한다는 게 썩 내키지 않았지만, 시기적으로도 신학대학원을 준비하기에는 늦었고, 학부로 편입하는 것은 빠듯했지만 가능한 상황이었다. 그래서 최종적으로 장로회신학대학교 기독교교육과에 편입학하기로 했다.

신학교 입학시험은 성경과 영어 텝스 점수가 필요했다. 늦게 시작한 까닭에 시험 범위인 성경 공부만 하기에도 벅찼다. 영어는 공부할 겨를도 없이 부랴부랴 텝스 성적이 필요해 시험을 봤다. 텝스라는 시험을 난생처음 봤는데, 편입학원에서 1년간 공부한 덕분에 합격 커트라인 점수는 바로 준비할 수 있었다. 결과는 합격.

가끔 내 인생을 돌아볼 때면, 쓸데없이 낭비한 시간이 너무 많다는 후회로 나 자신을 원망했다. 그런데 시간이 지나 삶의 조각조각을 맞춰보니 실패의 조각들조차 "여호와 이레"의 작품이었음을 깨달았다. 주님은 끝내 나를 장로회신학대학교 기독교교육과에 편입하게 하시면서 나의 대학 이름을 바꿔주셨다. 그렇게 대학을 졸업하고, 신학대학원(M.div)을 거쳐 목사가 되었다.

사실 여전히 잘 모르겠다. 학교 이름을 바꿔주시겠다는 감동이 진짜 하나님께로부터였는지, 아니면 내 간절한 소망에서부터였는지. 지원한 10개 대학에 모두 불합격하고 신학교에 입학해 목회자가 된 것이 하나님의 뜻이었는지 나의 뜻이었는지. 다만 내 마음과 생각은 하나님의 뜻이었다고 말한다. 물론 누군가 내게 그것을 입증할 객관적이고도 합리적 근거를 내놓으라 하면 나는 답을 해줄 수 없다.

대신 확실히 말해줄 수 있는 것은, 나는 현재 목사라는 '직'을 좋아하고, 아직은 내가 가장 잘할 수 있는 일이라 생각하고 있다는 것이다. 그리고 또 하나, 하나님은 언제나 가장 좋은 것을 주시는 분이시라는 사실이다.

시편 23편은 모두가 사랑하는 유명한 구절이다. 시편 23편 그대로 우리 주님은 우리의 선한 목자가 되신다. 선한 목자이신 주님은 언제나 우리를 선으로 인도하신다. 의심의 여지가 없다. 다만 이 놀라운 은혜를 얻고자 한다면, 시편 23편 1절의 고백처럼 주님을 목자로 삼아야 한다는 거다. 그러니 중요한 것은 한결같이 주님을 내 목자 삼는 것이다. 우리의 결정이 미흡하고 온전하지 못해도 괜찮다. 어차피 우리는 모두 치우쳐 사는 존재가 아니던가. 우리가 어리석고, 연약한 존재임을 주님은 이미 아신다. 비록 우리가 그릇 깨닫고, 엉뚱한 길로 나아간다고 할지라도 우리가 주님을 의지하고 따르기만 하면, 중심을 꿰뚫으시는 주님은 반드시 약속하신 대로 우리를 선한 길로 이끄실 거다.

모든 것이 끝난 것 같은 상황, 주님을 나의 선한 목자라고 도저히 고백할 수 없을 때라도 주님은 언제나 가장 좋은 것을 주신다는 사

실만은 잊지 말자. 그러면 선한 목자 되시는 주님이 반드시 우리를 다시
일으켜 세우실 거다.

> 주님은 나의 목자시니, 내게 부족함 없어라. … 진실로 주님의 선
> 하심과 인자하심이 내가 사는 날 동안 나를 따르리니, 나는 주님
> 의 집으로 돌아가 영원히 그 곳에서 살겠습니다. (시편 23:1; 6, 새번역)

이름값은 해야지,
부르심을 따라 살아야지

30살에 신학생이 된 나는 입학(기독교교육과 3학년 편입)과 함께 큰 충격을 받았다.

첫 번째 충격은 학우들의 이름 때문이었다. 최바울, 전다니엘, 백모세, 김에스더, 박한나…

학기 초에는 교수님들마다 학생들을 파악하느라 유독 출석을 자주 부르시고, 눈을 맞추어 교감하셨다. 어찌나 학생들 이름의 뜻을 하나하나 물으시던지. 약간의 이름 콤플렉스가 있는 나로서는 그 시간이 참으로 곤욕스러웠다. 내 차례가 다가올수록 숨이 가빠왔다. 으악.

내 이름의 한자는 초등학교 저학년도 다 안다는 "서울-京"에 "하나一"이다. 내 아버지는 '서울에서 첫째가 돼라'라는 뜻으로 내 이름을 지으셨다. 난 내 이름이 싫었다. 내겐 그저 개똥이 수준의 이름일 뿐, 어릴 때부터 아버지에게 내 이름을 왜 이렇게 성의 없이 지었냐고 타박했다. 그것도 여러 번.

이름의 뜻을 묻는 교수님들에게 학우들은 기다렸다는 듯 너무나도 당당히 이름의 숨은 뜻을 설명했다. 아버지의, 아버지의, 아버지 때로까지 거슬러 올라가면서 말이다. 내겐 학우들의 그 말들이 자랑처럼 느껴져 짜증스러웠지만, 그들의 이름과 믿음의 역사가 부럽기도 했다.

수업을 마치고 8층 도서관에 올라갔다. 가방을 소리 없이 내던지며 자리에 털썩 주저앉았다.

'저 이름 바꾸고 싶어요!'

하나님께 불평과 짜증 섞인 원망을 쏟아냈다. 문득 내 한자의 유래가 궁금했다. 자판기에서 뽑은 '2% 부족할 때 마시는 음료'를 한 모금 마시곤 네이버 한자 사전을 뒤적거리다 깜짝 놀랐다.

"서울 京: 언덕 위에 집이 서 있는 것을 본뜬 글자. 옛날에는 높은 곳에 신전을 모시고 그 둘레에 사람이 모여 산 데서 서울을 뜻하게 됨"

'뭐? 신전을 모시고 산 사람들이 살던 곳?'

'아! 내 육의 아버지는 서울의 첫째가 되라는 뜻으로 내 이름을 지었지만, 내 참 하나님 아버지는 태초부터 나를 하나님의 일을 하며, 하나님만을 섬기는 자로 부르셨구나' 하는 생각을 하면서 내 이름에 새로운 의미를 부여했다. 내 이름의 뜻은 더는 '서울의 첫째가는 사람'이 아니었다. 이제 '유일하신 하나님 한 분만을 섬기는 사람', 이것을 내 이름의 새로운 뜻으로 삼았다. 나는 기뻤고, 하나님을 찬양했으며, 이후 이름 콤플렉스가 사라진 것은 물론 내 이름을 아주 좋아하게 됐다.

신학교 입학 후 두 번째 충격은 '부르심' 때문이었다.

신학교의 특성상 어쩌다 신학교에 왔는지, 왜 목회자가 될 결심을 하게 되었는지 서로 나눌 기회가 많았다. 한 학우는 하나님이 자신에게 "내 양을 치라, 내 양을 먹이라" 해서 왔다고 했다. 또 다른 학우는, 자신은 만 명 교회를 꿈꾼다고 큰 포부를 밝혔다. 그간 들은 신학생들의 부르심은 책으로 써도 될 만큼 다양하고 대단했다. 그들의 다양한 부르심을 듣자 하니 그에 비해 나의 부르심은 한없이 작고 초라했다. 카드 결제 후 받은 영수증의 글자처럼 나의 자존감은 서서히 지워지고 있었다.

　　신학교에 입학하기 전, 목회자가 되기로 어느 정도 마음의 결정을 한 나는 간절한 바람이 생겼었다. 내 자의적 의지대로도 아니고, 사람들의 추천을 받아 신학을 하고 목사가 되는 것도 아닌, 뭔가 하나님께 소명을 직접 듣고 싶었다. 그래서 주님이 정말 날 부르신 게 맞는지, 내가 정말 목회자로 살기를 바라시는지 알고 싶어 열심히 기도했다.

　　그렇게 나를 향한 하나님의 부르심을 알고 싶다는 마음을 품고 있던 내게, 『그리스도와 문화』의 저자 리처드 니버가 계시를 '번쩍이는 문장'이라고 정의한 것처럼 사무엘상 23장 16절 말씀이 번쩍임으로 다가왔다.

　　사울의 아들 요나단이 일어나 수풀에 들어가서 다윗에게 이르러
　　그에게 하나님을 힘 있게 의지하게 하였는데 (사무엘상 23:16, 개역개정)

이 말씀은 다윗이 사울에게 쫓기며 괴로운 시간을 보낼 때, 사울의 아들 요나단이 다윗을 격려했다는 내용의 구절이다. 이 구절은 내게, '누군가 나(하나님을)를 힘 있게 의지하도록 돕는 자가 되어 주겠니?' 하는 하나님의 음성으로 내 마음에 번쩍하고 와닿았다. '하나님을 힘 있게 의지하도록 돕는 자' 이것이 나 스스로 자각하는 주님의 부르심이었다.

이런 이유에서 나는 신학교 다니는 친구들의 큰 부르심에 충격을 받아 기가 눌렸고, 주님이 날 어떻게 부르셨는지 아무에게도 당당히 말하지 못했었다.

물론 지금은 아니다. 목회하면 할수록, 신앙의 연수가 차면 찰수록 나의 부르심은 더없이 가볍고 다행이라 여겨진다. 그래서 이제 더는 내 부르심이 초라하게 느껴지지 않는다. 오히려 이는 목회를 꿰뚫는 부르심이며, 모든 성도의 마땅한 삶으로의 부르심이 아닌가 싶다.

가끔 목사로 사는 삶이 고단하게 느껴질 때가 있다. 그러나 그때마다 새롭게 발견한 내 이름의 뜻과 부르심은 나를 스스로 무너지지 않도록 붙잡아줬다. 아마 앞으로도 그럴 것이다. 혹시 내가 목사라는 직을 그만두더라도 꿋꿋이 하나님을 의지하며, 하나님을 힘 있게 의지하도록 돕는 삶을 살도록.

최근 한 사람이 나를 뒤흔들었다. 그(그녀)는 내게 어떤 사실에 대해 자기 생각을 말했을 뿐이었겠지만 그 말은 비수가 되어 나의 영혼을 요동치게 했다. 하마터면 내 목구멍까지 차오른 '그렇게 바라는 것이 많으면 당신이 목사 하지 그래?'라는 말을 내뱉을 뻔했다. 그러나 다행히 그렇게 하지 않았다.

내 이름이 "너, 하나님 한 분만을 섬기는 사람이야!"
내 부르심이 "너, 하나님을 힘 있게 의지하도록 돕는 자야!"라고 말해준 덕분이다. 그래서 겨우 웃을 수 있었고, 다행히 시험에 들지도, 굳이 따지며 싸우지도 않을 수 있었다.

그래, 이름값은 해야지,
그래, 부르심을 따라 살아야지,

덕분에 오늘도 겨우 참고, 웃고, 끌어안을 수 있었다. 고맙다.

하마터면 나 자신을
갈아 없앨 뻔했다

'아, 농구선수는 못되겠구나.'

한때, 얼토당토않게 농구선수가 되는 꿈에 나의 모든 자원을 쏟아부었던 때가 있다. 그러나 꿈에서 깨는 데에는 그리 시간이 오래 걸리지 않았다. 중학교 3학년 여름방학을 지내고 만난 친구들의 키가 10cm 이상 큰 것에 반해 내 키는 방학 전과 똑같았기 때문이다.

하루에 우유를 1000ml 넘게 마시기도 했고, 뼈에 좋다는 사골도 질리도록 먹었고, 멸치 똥 냄새가 입에서 가시지 않을 정도로 칼슘을 과다 섭취했으나 모두 허사였다(학창시절, 없는 살림에도 열심히 우유에, 사골에, 키 크는 데에 좋다는 이것저것 챙겨주신 내 엄마께 감사의 마음을 전합니다). 이후에 꾸준히 농구를 좋아하긴 했지만, 더는 농구선수를 꿈꾸지 않았다. 나는 곧바로 새로운 꿈을 꿨다. 나의 두 번째 꿈은 성악가였다. 즉시로 피아노 학원에 등록했고, 성악 전공을 위해 오래전부터 준비한 친구 동현이의 도움으로 함께 레슨을 받기도 했다. 하지만 여러 이유로 성악가 역시 내 길이 아니라는 것을 빠르게 알아채면서 두 번째 꿈도 금세 접었다.

이후에도 나의 꿈은 들의 풀꽃처럼 폈다 지기를 반복했다. 어찌 보면 쓸데없는 짓을 많이 한 사람처럼 보이기도 하지만, 글쓰기를 하며 마주한 과거의 나는 늘 꿈을 꾸고, 꿈을 이루려 최선을 다하면서도, 아니다 싶으면 바로 꿈을 접는 매우 현실적인 사람이었다.

지나고 보니 이런 내 삶의 방식은 인생의 여러 흔적을 남겼고,

이 흔적들의 총합이 곧 지금의 내가 되었다. 하나님을 인격적으로 만나면서 최선을 다해 사는 삶이 무엇인지 나름대로 정리가 됐다. 그것을 전에도 후에도 없을 나의 자작곡으로 승화시켰다. 멜로디는 딱 아마추어적이다. 글로만 소개할 수밖에 없어 오히려 다행이다(웃음). 그래도 가사에 담은 나의 신앙고백은 지금 봐도 참 귀하게 여겨진다(지금 봐도 명곡이다…).

제목: 십자가의 비밀

1. 해결할 수 없는 문제 앞에 있을 때 주님께 맡기라
   주님께서 내게 응답하시며 길을 비추시리
   내가 노력할 때 주님 흩으시네
   내가 포기할 때 주님 나를 세우시네
   이제야 십자가의 비밀을 내가 보았네
   이제는 주님만 나타내소서 나는 내어드리리

2. 나의 부족함 모두 아시는 주님 나를 만드시네
   주님의 때가 내게 이를 때에 나로 영광 받으리
   주의 보혈만이 나를 온전케 하시네
   주의 사랑만이 나를 자유케 하시네
   영원한 십자가의 비밀을 내가 보았네
   이제는 나의 십자가 지고서 주의 영광 보리라

꿈꾸고 최선을 다했지만 애쓴 것에 비해 열매가 없던 탓에 참 고 단했던 것 같다. 열매 없음은 언제나 절망과 좌절을 가져다주었다. 그러 나 하나님을 믿는 믿음 안에서 되돌아보니 모든 것이 감사다. 십자가의 비밀을 깨닫기도 했고, 하나님과 동행하는 삶에 대해서도 작게나마 배 우고 훈련할 수 있었으니 말이다.

하나님을 믿는 자의 삶은 최선을 다하는 동시에 포기도 빨라야 하지 않을까 싶다. 삶은 언제나 우리 마음대로 안 되니까. 오해하지 않 기를 바란다. 절대로 최선을 다할 필요가 없다는 것도 아니고, 열매 없 음에 대한 핑곗거리를 찾자고 하는 것도 아니다. 단지 우리 삶의 키를 갖고 계시는 분이 하나님이라는 사실을 분명히 알자는 거다.

뭔가 잘 풀릴 때 내가 다 했다고 해서도 안 되고, 최선을 다했음 에도 열매 없음의 원인을 고스란히 우리 자신에게서만 찾으려는 것도 위험천만한 일이다. 열매를 거두지 못하는 여러 외적인 요인이 있을 수 도 있고, 우리가 바라고 생각하는 것 외에 맺은 열매도 얼마든지 있을 수 있으니 말이다. 이 사실을 잊으면 쓸데없는 자기 학대는 물론, 스스 로를 용납하지 못해 불행을 자처할 수도 있다. 하마터면 나 자신도 스스 로 열매 없는 사람으로 여겨 믹서기에 갈 듯 갈아 없앨 뻔했다. 주님이 만나주시고, 글쓰기로 나 자신을 끌어안은 것이 천만다행이다.

한동안 성경을 읽다가 물 없이 감자를 크게 한 입 삼킨 것처럼 답답함을 느낀 때가 있었다. 내 눈에 모순적이고 서로 충돌하는 이야기처럼 보이는 본문들 때문에 그랬다. 한쪽 본문에는 땅에 충만하고 번성하며 누리라 하시면서도 또 다른 곳에서는 겉옷뿐 아니라 속옷까지 다 벗어주라고 하시니, '어떻게 하라시는 거지?'라는 생각이 들어 이러니 누군가 성경을 '코에 걸면 코걸이 귀에 걸면 귀걸이'라고 비아냥했구나 싶었다.

한동안 이런 생각과 갈등 때문에 신앙의 정체를 느꼈다. 그러던 어느 날, 꿈 아니면 환상 같은 장면을 통해 답을 얻었다. 시간이 너무 지나서 꿈이었는지, 환상이었는지 정확히는 모르겠다. 나는 꿈 맹신자도, 날마다 환상을 사모하는 사람도 아니지만, 참으로 영적인 하나의 이미지가 내 머릿속에 강하게 그려졌다.

나는 예수님과 나란히 걷고 있었다. 그러다 조금 뒤처질 때면 주님이 "얘야, 많이 뒤처졌구나, 힘을 내어라, 속도를 내어라, 나와 함께 가자"라고 하셨고, 반대로 너무 앞서갈 때는 "얘야, 너무 앞섰다. 속도를 좀 줄이렴, 나와 함께 가자"라고 하셨다.

우리는 삶에서 길을 자주 잃어버린다. 선택지가 너무 많고, 무엇이 옳은 결정인지 모를 때가 많은 까닭이다. 그래서 우리는 참으로 이런 일도 겪고, 저런 일도 겪는다. 이런 복잡다단한 우리의 실존 앞에 강단에서는 "이렇게 하세요, 저렇게 하세요"라고 외치고, 세상에서 소위 성공했다는 수많은 이들 역시 "이럴 땐 이렇게, 저럴 땐 저렇게"라고 떠들어댄다. 그러나 그것들 대부분은 우리를 더욱 혼란스럽게 할 뿐이다.

우리 삶의 문제는 결국 우리 각자의 몫이다. 이 일을 위해서라도 주님과 동행하는 삶을 살아야 한다. 늘 주님의 속도에 발을 맞춰 걸으려 주의를 기울이고 애써야 한다. 그러다보면 주님으로부터 크게 벗어남 없이 영광의 빛 가운데 들어갈 수 있지 않을까. 앞으로도 내 삶에 최선을 다하며, 당장에 바라는 열매가 없어도 나 자신에게 친절하며, 주님의 인도하심을 기필코 따라가고 싶다.

주님, 주님과 평생토록 나란히 걷게 해주세요.

비록 무화과나무가 무성하지 못하며 포도나무에 열매가 없으며 감람나무에 소출이 없으며 밭에 먹을 것이 없으며 우리에 양이 없으며 외양간에 소가 없을지라도 나는 여호와로 말미암아 즐거워하며 나의 구원의 하나님으로 말미암아 기뻐하리로다 (하박국 3:17-18, 개역개정)

작지만 단단한 이야기 1

우리는 스스로에게 참 많이 실망합니다. 특히 자신의 성품에 대해서 그렇죠. 이 부분에 대한 목사님의 이야기를 듣고 싶습니다.

박경일 목사_

"정말 부끄러운 얘기인데요. 언젠가 외출을 하려고 정신없이 준비하던 참에 야채를 가득 채운 1톤 트럭이 제 앞에 섰어요. 야채 파는 아저씨는 넉살좋게 제게 "감자가 참 좋다"고 하면서 팔아달라고 하시는 거예요. 그런데 사실 제 고향이 강원도 삼척이거든요. 거짓말처럼 전날 시골에 사시는 어머니께서 감자를 두 박스나 보내주셔서 감자가 넘쳐났어요. 그래서 저는 아무 생각 없이 제 고향이 강원도라는 것과 강원도 감자가 집에 두 박스나 있다고 이야기하면서 죄송하다고 말하고 급히 외출했었죠.

그런데 가족들과 차로 이동하던 중에 아저씨의 눈빛이 제 머릿속에서

떠나지 않는 거예요. 아저씨 표정과 눈빛이 '목사라는 사람이 정말 너무하네'라는 말이 되어 저를 괴롭혔어요. 저 자신에게 얼마나 부끄럽고, 화가 났는지 몰라요. 왜 이렇게 사랑의 마음이 없을까, 왜 그랬을까, 왜 단돈 만원도 팔아주지 못했을까… 돌아보니 제가 사람에게 마음을 두지 못하고, 상황에만 주의를 기울였던 것 같아요. 그래서 '아, 멀었구나' 싶었습니다. 조금만 성숙했다면, 다른 야채를 살 수도 있었고, 있는 감자라도 또 팔아줄 수도 있었을 텐데 말이죠.

당시 아저씨에게도, 하나님께도 정말 죄송했어요. 그 사건으로 상황보다 사람에게 더 마음을 둬야 한다는 교훈은 확실히 배웠습니다."

part 2

공부 너무 열심히 하지 마라

여섯 번째 이야기_

공부 너무 열심히 하지 마라

전에 섬기던 교회의 한 성도님께 연락이 왔다. 성도님과 연락을 자주 주고받는 사이가 아니어서 더 반가웠다. 성도님은 인천에 사는 친구가 새롭게 출석할 교회를 정했다는 소식을 전해 듣고 기쁘면서도 혹시나 하는 마음에 걱정이 되었던 거다. 그래서 그 교회가 혹시 이단은 아닌가 싶어 인터넷을 뒤적였고, 그 교회 홈피에서 내 청년의 때 사진을 보고 깜짝 놀라 내게 전화한 것이다(지금보다 훨씬 날씬했던 때였는데 어찌 알아보신 거지?).

그 교회는 내가 청년 때 다닌 교회였다. 어떠냐고 묻는 성도님께 좋은 교회라고 대답했다. 내 멘토 목사님이 시무하고 계시고, 좋은 동역자들이 많은 공동체라고. 일반적 교회와는 사뭇 분위기가 달라 힘들 수는 있겠지만 잘 붙어 있기만 하면 신앙적으로 잘 성장을 할 수 있는 곳이라 덧붙여 말했다.

전화를 끊고, 세상이 참 좁다는 생각과 함께 많은 옛일들이 머리를 스쳤다. 그러다 내 마음과 영혼에 깊이 새겨진 멘토 목사님과의 에피소드 하나가 떠올랐다.

나이 서른에 신학교에 간 나는 인천과 광나루(서울 광진구)를 오가며 1시간 30분을 통학했다. 가끔 차가 막힐 때는 2시간씩 도로 위에 있었는데, 그때마다 수동 기어의 마티즈 안에서 고통에 절규했다.

먼 통학 거리가 가끔은 힘에 부쳤지만 그래도 행복했다. 그간 취업 잘 된다는 학과에 입학해 흥미도 소질도 없던 공부를 꾸역꾸역했던 나로서는 진정 스스로 원해서 공부하게 된 신학(기독교교육)이 정말 재밌었다. 학구열은 불타올랐고, 나는 오랫동안 학교 도서관에 머물렀다. 평소 저녁 8~9시에 귀가했고, 시험 기간에는 자정이 지나서야 도서관에서 나오곤 했다.

시험 기간인 어느 날. 도서관에서 열심히 공부하고 있었는데 전화가 한 통 걸려 왔다. 멘토 목사님이셨다.

"너 어디니?"

"학교 도서관이요."

"공부 너무 열심히 하지 마라"

"네?!"

목사님은 시험 기간에 내게 세 번씩이나 전화하시곤 공부를 너무 열심히 하지 말라는 말씀을 하셨다. 마지막 통화에서 목사님은 언성을 높이셨고, 난 그 상황이 너무 당황스럽고 화가 나서 목사님께 따져 물었다.

"학생이 시험 기간에 공부 열심히 하는 게 뭐가 잘못됐나요?"

"너 잘 깨달으니까 하나님께 기도해봐!"

목사님은 언성을 훨씬 더 높여 나를 꾸짖으시고, 전화를 확 끊어 버리셨다.

생각할수록 화가 치밀었다. 달아오른 화를 달래는 게 쉽지 않았다. 한참이나 시간이 흘러서야 화가 누그러졌고, '평소 목사님은 아무 이유 없이 내게 말씀하시는 분이 아니시다'는 생각을 겨우 하고 나서야 마음을 추스를 수 있었다.

난 고자질쟁이라도 된 양 학생이 공부 열심히 하는 게 무슨 죄냐며 하나님께 툴툴거리며 불편한 마음과 화를 쏟아냈다. 10분이나 지났을까? 기도하다 불현듯 신학교에 입학한 이후 하나님과의 관계가 멀어진 것 같다는 느낌이 들었다. 늦은 나이에 신학교에 입학했고, 처음으로 원하는 공부를 하게 된 만큼 열심히 해서 장학금이라도 받아야겠다는 마음에 의지를 불태웠던 게 문제였다. 나이 어린 동생들에게 뒤처지고 싶지 않다는 욕심에 완전히 사로잡혀 있다는 사실을 깨달았다.

아이러니하게도 하나님을 공부하겠다고 신학교에 간 놈이 신학이라는 학문에 함몰되어 하나님을 잃어버린 것이었다. 나 자신이 '공부', '인정', '장학금'이라는 욕심을 우상 삼고 있었음을 깨닫고, 그제야 멘토 목사님의 깊은 의중을 알 수 있었다.

나는 하나님께 회개했고, 이런저런 생각을 정리해 목사님께 장문의 편지를 썼다. 그리곤 어색하게 목사님께 전화했다.

"목사님, 드릴 말씀이 있습니다. 점심 사주십시오."

식당에 마주 앉아 조심스럽게 편지를 건네드렸다. 나는 나이 서른에 코를 처박고 눈물의 밥을 삼켰고, 목사님은 봉투에서 편지를 꺼내 찬찬히 읽어 내려가셨다. 목사님은 좋은 스승이셨다. 딱 필요한 말씀으로 나를 지도해주셨다, 격려와 함께. 그때의 장면은 지금 생각해 봐도 웃기고 민망스럽다.

상식적으로 학생이 시험 기간에 공부 열심히 하는 것은 칭찬받아 마땅한 일이다. 난 내 멘토 목사님과 같이 시험 기간에 열심히 공부하는 학생 누구에게도 "공부 너무 열심히 하지 마라"라는 말은 죽었다 깨나도 못할 것 같다. 오히려 떡볶이라도, 삼각김밥 하나라도 더 사주면 사줬지 말이다. 이래서 나는 좋은 스승이 못 되는 거 아닌가 싶다.

나는 여러 번, 목사가 된 이후에도 멘토 목사님을 찾아가 이 사건을 언급하며 감사하다고 거듭 인사를 드렸다. 참으로 내 평생 잊지 못할 큰 가르침을 얻은 사건이다. 이 사건 이후로 무엇인가를 할 때 일 자체에 함몰되지 않으려, 하나님을 잃지 않으려 신경쓰는 편이다. 덕분에 스스로 인식하지 못하는 상황에서도 시시로 내 깊은 중심, 속내를 살피는 버릇이 생겼다. 다른 사람에게는 해당하지 않을 수 있지만, 적어도 내게 열심은, "하나님을 잃지 않는 선에서 할 수 있는 최선을 다하는 것"이다. 무작정 열심을 내는 것은 내게 최선이 아니다. 주님을 우선순위에 두고, 주님 안에서 수고하고 애쓰는 차선이 내게 최선인 셈이다.

좋은 스승을 만난 것도 복이지만 암만 생각해 봐도 기특한 나다. 시험 기간에 공부 열심히 한다고 꾸짖는 세 번의 전화에 상처 안 받고, 시험에 안 빠질 학생이 몇이나 될까?

공부 너무 열심히 하지 말아야지.
인생 '너무' 열심히 살진 말아야지.

일곱 번째 이야기_

모태신앙의 힘

많은 이들이 모태신앙을 '못해' 신앙이라고 한다. 모태신앙 당사자는 이 말을 들어 자신의 겸손함을 나타내고, 모태신앙이 아닌 이들은 모태신앙인들을 향해 조소할 때 이 말을 하곤 한다. 누구의 입에서 나오든지 나는 이 말 자체를 싫어한다. 이유는 내가 모태신앙이고, 모태신앙의 힘을 알기 때문이다.

무늬만 신앙인이었던 시절, 내 인생 최고의 방황기는 스무 살에 시작되어 예수님을 인격적으로 만난 스물세 살 직전까지였다. 물론 스무 살 이전에도 방황은 있었지만, 성인이 되어서야 감추어져 있던 내 방황이 날개를 달고 비로소 세상에 나왔다. 순진했던 스무 살 내게는 주초가 최고의 일탈이었다.

3대째 믿음의 가정인 우리 집안에서 특히나 담배는 구경해볼 수 없는 희귀한 것이었다. 어린 시절 아버지가 젊었을 때 흡연 경험이 있다는 이야기를 듣기는 했으나 한 번도 그 모습을 본 적은 없었다. 이런 나는 집 밖에서, 교회 밖 친구들에게 담배를 배웠다. 담배를 피우면서도 담배는 곧 헤어질 존재로, 흡연은 오래 할 짓이 아니라는 것을 내 영혼은 이미 아는 듯했다. 그러나 교회 밖에 머무는 시간이 길어질수록 담배는 시나브로 우는 사자와 같이 내 삶을 조금씩 집어삼켰다.

흡연이 내 삶의 일상이던 어느 날, 나는 꿈을 꾸었다. 나는 예배당에 안에 있었고, 예배당은 사람들로 가득 차 있었다. 무리 중 한 사람으로 회중석 장의자에 앉아 있던 내게 강단은 아주 높아 보였다. 그런데 아뿔싸! 강단에 흰색 성의를 입은 한 사람이 담배 연기를 뻐끔뻐끔 뿜으며 서 있는 게 아닌가! 꿈이었지만 그가 목사라는 것을 한눈에 알아볼 수 있었다. 그런데 놀랍게도 회중석에 앉은 누구도 담배 피우는 목사를 저지하는 사람이 없었다. 단 한 사람도.

처음에 나는 참았다. 아니 참을 수밖에 없었다. 본래 나는 많은 이들의 주목을 받는 것을 극도로 싫어하는 사람인 까닭이다. 그런데 꿈속에서도 이건 정말 아니다 싶었다. 더는 참을 수 없을 정도로 인내심의 한계가 왔을 때, 침묵으로 가득 차 있던 그 자리에서 나는 용기를 내었고, 벌떡 일어나 침묵을 깨고 크게 소리쳤다.

"목사님, 당장 그 담배 끄세요!"

"지금 뭐 하는 겁니까?"

기억을 되짚어보자면, 담배를 피우던 목사는 나를 노려본 듯하다. 그리곤 마치 나의 화를 돋우려는 것인지 왼손으로는 강대상을 짚고, 오른손으로는 담배를 입에 갖다 대고 연기를 깊이 한 모금 들여 마시며 '후-'하고 담배 연기를 내뱉었다. 그리고 내게 말했다.

"담배 피우면 안 되는 이유 세 가지를 대면, 내가 끄겠다."

나는 조금의 주저함도 없이 큰 소리로 대답했다.

"첫째, 건강에 해롭습니다. 담배는 백해무익해요!"

"둘째, 덕이 안 돼요. 여기에 분명히 믿음이 약한 이들이 있을 텐데, 목사님이 담배를 피우면 목사님 때문에 시험에 드는 사람이 있을 거예요."

"…"

"셋째, 몸은 하나님의 성전이에요!"

나는 세 번째 대답까지 하고 나서 꿈에서 깼다. 신기한 꿈이었고, 놀라운 대답이었다.

'내가 어떻게 이런 멋진 대답을?!'

오래된 꿈이지만, 두고두고 생각해 봐도 놀랍다. 왜냐면 내 머릿속에는 '몸이 하나님의 성전'이라는 말과 개념 자체가 없었기 때문이다. 나중에 알았다. 몸이 성전이라는 말과 개념이 성경에 있다는 사실을.

"너희는 너희가 하나님의 성전인 것과 하나님의 성령이 너희 안에 계시는 것을 알지 못하느냐?" (고린도전서 3:17, 개역개정)

하나님이 꾸게 하신 꿈이라고밖에 말할 수 없는, 그래서 이후 몇 년은 마치 나 자신이 꿈꾸는 요셉이라도 된 것 같은 착각 속에 살았다. 나는 이 놀라운 꿈을 꾸고도 한동안 담배를 계속 피웠고, 시간이 한참이나 흐른 뒤에야 기어코 금연하게 되었다.

처음엔 이 꿈을 그저 성령 하나님께서 주신 신비한 꿈이라고만 여겼다. 하지만 시간이 흘러 생각하니 어린 시절 교회에서 선생님(혹은 목회자)으로부터 "우리가 하나님의 성전이다"라고 배운 지식에서 기인한 것일 수도 있겠다 싶다. 그 가르침이 내 의식 속에는 남아 있지 않았지만 적어도 무의식 속에 남았던 것일 수도. 이것이 모태신앙의 힘이 아닐까. 나는 적어도 모태신앙은 아무것도 "못해" 신앙이 아니라 성령 하나님께서 일하실 수 있도록 좋은 밭을 만드는 과정이라고 생각한다.

교회에서 초등학생들을 가르치는 일은 괴롭다. 아이들의 집중력은 대체로 10분을 넘기지 못한다. 아이들은 설교자인 내 말을 듣기보다 자기들끼리 시끄럽게 떠들고, 듣는다 싶으면 말장난을 걸어 설교자의 속을 뒤집어놓기 일쑤다. 순하디순한 아이들이 중학교 3학년이 되고, 고등학생이 되면 완전히 달라진다. 더는 떠들거나 말장난을 하지 않는다. 좀 떠들어줬으면 좋겠다 싶을 때도 있다. 청소년이 되면 요놈들은 전혀 반응하지 않는다. 마치 약속이나 한 것처럼. 설교 내내 눈을 한 번도 뜨지 않는 아이들이 태반이다. 교사는 지치고, 목회자는 참담함을 느낀다.

그래도 가르쳐야 한다. 힘을 내어 다음 세대를 교육해야 한다. 아이들은 떠들면서도 듣는다. 중고등학생들이 눈을 감고 자고 있다 할지라도 하나님은 그들의 무의식 속에 주의 말씀을 친히 심으신다. 비록 아이들의 의식에는 안 남을지 모르지만 때가 되면 분명 아이들의 무의식에 심어진 말씀을 의식 속으로 끄집어내시리라.

내 방 책장에는 이전에 만났던 제자들이 써준 롤링 페이퍼 한 뭉치가 있다. 유치원생부터 청년들, 장년 교사가 써준 내용이라 버리지 못하고 갖고 있다. 오랜만에 쌓인 먼지를 털어내고 꼼꼼히 읽어봤다. 다시 읽어도 감동이다. "목사님이 우리 목사님이라 다행이에요.", "목사님이 저희를 진심으로 위하시는 게 느껴져요.", "전도사님, 재밌고 다정해서 좋아요.", "생신, 아니 탄신일 축하드립니다." 등등. 제자들의 재치 있고 마음이 담긴 글귀에 웃기도 하고 옛 추억들이 새록새록 떠올라 행복했다. 편지 가운데 가장 많이 반복되어 말해준 내용은 "말씀 잘 가르쳐 주셔서 고맙습니다"였다. 매 주일 설교와 수련회, 제자 훈련, 강의로 설교했다. 참 많이도 가르치고 전했다. 내가 전한 내용이 그들의 성장에 도움이 되었을까. 내가 가르치고 전한 내용 중 하나라도 기억하는 이가 있을까. 아마도 그들의 의식 속에는 남은 게 없을 거다. 그러나 분명 하나님께서 제자들의 무의식 속에, 영혼에 남겨두셨을 것이라 믿는다.

주님,
제가 만났던 모든 이들에게 하나님의 말씀을 새겨주십시오.
친히 그 말씀으로 선한 길, 생명의 길로 이끄시옵소서.

예수 믿으면 복 받는다?!

'예수 믿으면 복 받는다'라는 소리는 어린 시절 교회에서 귀에 못이 박히도록 들었던 말이다. 그런데 요즘은 통 듣기 어려운 말이 됐다. 여전히 이 말을 서슴없이 한다면 십중팔구 생각 없는 기복신앙인 취급을 받을 테고, 반대로 틀렸다고 말한다면 신앙적 경험이 없는 이성만 발달한 지적인 인간으로 대접받기 일쑤다.

정말 예수 믿으면 복을 받을까? 누군가 내게 이 질문을 한다면, 나는 애매한 중간을 선택하겠다. 그것은 내가 생각 없는 기복신앙인으로 취급받고 싶지도 않고, 신앙적 경험이 없는 지적인 인간으로 대접받는 것도 싫어서가 아니다. 내가 애매한 중간을 선택한 진짜 이유는, 이 말이 틀린 말이기도 하고 맞는 얘기이기도 하기 때문이다.

사실 우리가 '예수 믿으면 복 받는다'라는 말에 거부감을 느끼는 것은 많은 이들이 '복'이라는 개념을 세속적인 복으로 해석하고 적용하기 때문일 거다. 세속적인 복은 무엇인가? 부자 되는 것, 아프지 않고 건강한 것, 자녀가 소위 말하는 명문대를 재수 삼수 없이 합격하고, 대기업에 취업하는 것, 좋은 배우자 만나서 결혼하고, 불임과 난임 없이 건강한 아이를 원하는 숫자만큼 낳는 것, 때에 맞게 승진하고, 집도 사고, 투자한 것에 손해 없이 이득을 보는 것 등등. 사람들은 이 같은 것들을 복이라 여긴다. 그러나 이 모든 일은 복의 한 부분이지만 성경에 나오는 복과는 결이 다르다. 이러한 일들은 예수를 믿든 믿지 않든 상관없이 여러 요인에 의해 있을 수도 있고, 없을 수도 있는 것들이다. 예수를 잘 믿어도 가난할 수도 있고, 아플 수도 있고, 자녀가 명문대를 못 갈 수도 있고, 대기업에 취업하지 못할 수도 있다. 또 간절히 원해도 아이를 갖지 못할 수도 있다. 반대로 예수를 안 믿어도 부자인 사람이 많고, 아프지 않고 건강한 사람들도 많으며, 다자녀에, 고속 승진에, 일이 매번 술술 잘 풀리는 사람들도 있다. 그러니 이러한 것을 복이라고 여긴다면, '예수 믿으면 복 받는다'라는 말은 틀린 말이다.

하지만 이 말을 성경에서 말하는 복으로 이해한다면, "예수 믿으면 복 받는다"라는 말은 맞는 얘기다. 세상의 가장 큰 복은 무엇인가? 하나님의 자녀가 되는 것 아니겠는가. 죄와 허물로 죽은 우리가 멸망하는 세상 나라에서 아들의 나라(하나님 나라)로 옮겨졌으니 이보다 더 큰 복이 어디 있겠는가. 예수님을 믿는 믿음으로 우리의 죄가 사함을 받았으니, 엄청난 빚을 탕감받았으니 우리는 예수님을 영접한 순간 이미 복 받은 인생이다. 그래서 이 말은 사실이다.

너무 영적인 측면의 접근인가? 그렇다면 경험적으로 이 말이 사실이라는 것을 말해보고 싶다. 나는 예수 믿고 참으로 복 받은 인생이 되었다. 나는 강박증으로부터 해방되었다. 이 얘기를 하기 위해선 내 어린 시절 이야기부터 해야 할 것 같다.

어렸을 때, 나는 진득하니 책상머리에 앉아 있지 못했다. 책상 앞에 앉으면 목이 말랐다. 그래서 나는 의자에 궁둥이를 붙인 지 십 분도 채 되지 않아 물을 마시러 일어났다. 또 이제 공부를 시작할까 싶으면 화장실이 급한 것 같아 화장실에 가야만 했다. 이런 나를 부모님은 못마땅해하셨다. 급기야 부모님은 1시간 앉아 있으면 용돈을 주시겠다는 달콤한 제안을 하시기도 했다. 그러나 별 효과는 없었다.

"넌 왜 이렇게 집중력이 없니?"

부모님은 어린 내게 수능을 준비하는 고3 수험생처럼 몇 시간씩 책상 앞에 앉아 공부하는 집중력을 원하셨던 것일까? 사실 막 초등학생이 된 아이가 진득하니 책상머리 앞에 앉아 있지 못하는 것은 지극히 정상이다. 여덟 살 난 내 딸아이를 보니 지극히 정상인 것을. 지극히 정상이었음에도 어린 시절의 나는 부모님의 이 말에 완전히 나를 새롭게 인식했다. '나는 집중 못 하는 아이', 이것이 나의 자의식이었다.

학창 시절 내내 나는 나 자신을 '집중 못 하는 아이'라 여겼다. 열심히 공부해서 성적이 좋았을 때도 있었지만 여전히 나 자신을 부정적으로 인식했다. 진짜 공부를 해야 할 고등학생이 되었을 때는 '집중 못 하는 아이'라는 자의식이 나를 더욱 힘들게만 했다.

"집중해야 해!, 집중하자! 집중!!"

결국, 이것은 내게 강박증이 되었다. 나는 농구를 무척이나 좋아했다. 농구에 취미가 막 붙기 시작한 중학교 1학년 때에는 나의 포지션이 센터였다. 그러다 중학교 2학년 때에는 포워드, 중학교 3학년 여름방학이 지난 후에는 가드로 바뀌었다. 철저히 신장 때문이었다. 쑥쑥 크는 친구들과 달리 키가 크지 않던 나는 나름 좋아하는 농구를 계속하기 위해서 포지션을 바꿀 수밖에 없었다. 집중력 얘기하다가 웬 농구 얘기인가 할 수도 있지만, 집중력과 매우 관련이 있는 얘기다. 농구 포지션에서 가드는 팀원들에게 볼을 원활히 배급하는 역할을 맡은 자다. 이런 가드에게 요구되는 능력은 넓은 시야다. 농구를 광적으로 좋아했던 나로서는 좁은 시야를 강제로라도 잡아당겨 늘려야 했다. 간절함 때문이었을까? 나의 시야는 굉장히 넓어졌다. 그렇게 나는 농구 좀 하는 아이가 되었고, 고등학교 2학년 화학 선생님으로부터 엄청난 칭찬을 들었다. 체육대회 농구 시합에서 나의 드리블과 패스 실력을 본 선생님은, "나는 너처럼 볼을 잘 다루는 학생을 본 적이 없다"라는 칭찬을 해주셨다(잘 모르고 하신 칭찬). 어쨌든 나의 넓어진 시야는 농구할 때만큼은 굉장히 좋은 능력이 되었지만, 본격적으로 공부에 집중하려는 내게는 독이 되었다.

집중하려 하면 할수록 주변의 환경이 자꾸만 눈에 들어와 나의 집중력을 흐트렸다. 증세는 점점 심해졌고, 결국 강박증, 정신질환이 되었다. 그러나 나는 내가 강박증인지 몰랐다. 그저 어린 시절부터 '집중 못 하는 아이'인 줄만 알았다. 그러다 신학교에 편입해 '정신위생학'이라는 수업을 듣게 되면서, 내게 강박증이 있다는 사실을 알게 됐다.

나의 강박증 증세는 매우 심했다. 책 한 권도 읽을 수 없는 정도였으니까 말이다. 나는 이 문제로 하나님께 간절히 매달렸다. 강박증을 고쳐 달라고 주님께 간절히 기도했다. 이 간절함은 신학교에서 더욱 커졌다. 컴퓨터를 전공으로 공부할 때는 거의 수학 중심이었기 때문에 큰 어려움은 없었지만, 신학교 수업의 대부분은 책을 읽고, 생각하고, 쓰는 일이었다. 매번 과제로 읽어야 하는 책만 수십 권이었고, 그 가운데는 천 페이지가 넘는 두꺼운 책도 많았다. 강박증에 책 한 권도 제대로 읽을 수 없는 내게 수업 시간은 공포요, 고난이었다.

나의 간절함에 하나님이 응답하셨다. 참 의사 되시는 하나님은 신학교 정신위생학 과목을 통해 나의 강박증을 '진단'해주셨고, 어느 노교수님의 '시편 묵상' 수업 시간을 통해 '처방'을 내려주셨다. 노교수님은 말씀도 많이 없으시고, 느릿느릿하셨다. 수업의 절반은 침묵으로 흘려보내셨다. 졸린 시간이었고, 지루한 시간이었다. 그런데 노교수님의 몇 마디는 내게 하나님의 음성으로 들렸다.

"여러분, 묵상 힘드시죠?"

"묵상하며 떠오르는 온갖 잡생각을 싸워 이기려 한다면 절대 못 이깁니다."

"붙잡아야 할 생각은 잡으시고, 나머지는 흘려보내세요."

"흘려보내라"라는 말이 내게 주님의 음성으로 들렸다. 공부하려고 앉은 자리에서 나의 시야에 들어와 나를 방해하고 괴롭히는 사물들을 인정하기 시작했다.

　'그래, 너는 거기 있는 거야.'

　'너는 거기 있어, 나는 내 할 일을 할게.'

　그렇게 나는 인정하고 흘려보내기 시작했다. 조금씩 증세가 호전되는 것만 같았다. 증상의 정도는 왔다갔다 했지만 나는 믿음을 가지고, 기도하며 꾸준히 반복했다. 인정하고, 흘려보내기를 말이다.

　이런 씨름을 하던 중, 실화를 바탕으로 만든 <뷰티풀 마인드>라는 영화를 보게 됐다. 당시로 8년 전에 나온 영화였는데 정말 우연히 보게 되었다. 영화 속 주인공은 러셀 크로우였고, 실제 인물은 존 내쉬였다. 존 내쉬는 정신분열증을 앓는 천재 수학자였다. 존 내쉬는 정신분열증으로 고생고생한다. 존 내쉬의 망상 속에 등장하는 여러 인물들이 그를 괴롭힌다. 존 내쉬는 정신분열증을 고치려 정신병원에 입원하기도 하고 이런저런 온갖 노력을 다하지만 정신분열증을 끝내 고치지 못한다. 그러나 존 내쉬는 기어코 살아남을 방도를 찾는다. 망상으로 인해 자신에게 나타난 인물들을 인정하고 지나치기 시작한다. 그렇게 자신과의 싸움이 시작된다. 망상 속 인물들은 난리에 난리를 더하며 존 내쉬를 괴롭힌다. 처음엔 망상 속 인물들에 자신도 모르게 반응하기도 하지만 점차 존 내쉬는 철저히 그들을 인정하면서도 무시하고, 지나칠 수 있게 된다. 그렇게 자신이 해야 할 일에 점점 몰두하고 연구에 연구를 거듭하다 끝내 노벨 수학상을 타는 성과를 낸다.

이 영화는 내 인생 영화가 되었다. 이 영화로 한 번 더 주님의 음성을 들었다. 영화의 존 내쉬는 정신분열증이 호전된 것이 아니었다. 그저 인정하고, 흘려보내기를 한 것이다. '인정하고 흘려보내라'라는 음성이 주님의 음성임을 확인하고 더욱 적극적으로 훈련했다. 놀랍게도 나의 강박증 증세는 점차 완화되다 거의 사라졌다. 나는 믿고 있다. 참 의사 되시는 하나님께서 이 영화를 나의 강박증을 고치는 도구로 사용하셨다는 것을. 지금은 취미가 독서이니 나의 강박증은 완전히 사라졌다고 볼 수 있겠다.

이런 경험이 있는 나에게 "예수 믿으면 복 받는다"라는 말은 사실이다. 나는 누군가가 내게 이 말이 사실이냐? 따져 물을 때마다 나의 말로 바꿔 말해준다.

"예수님을 믿으면 에너지를 써야 할 때 쓰고, 쓰지 말아야 할 때 안 쓰니 삶이 균형 있게 되고, 열매가 나타나더라." 그래서 "예수님 믿으면 복 받는다는 말은 사실이기도 하다"라고 말해준다. 경험적으로 예수님 믿고 강박증이라는 정신질환이 나았으니 나는 이 말을 철석같이 믿을 수밖에 없다.

결론이다. "예수를 믿으면 복 받는다"라는 말은 틀린 말이기도 하고, 맞는 말이기도 하다.

그러나 내 이름을 경외하는 너희에게는, 의로운 해가 떠올라서 치료하는 광선을 발할 것이니 너희는 외양간에서 풀려 난 송아지처럼 뛰어다닐 것이다. (말라기 4:2, 새 번역)

아홉 번째 이야기_

소년 경일

큰딸 시언이가 드디어 태권도 파란 띠를 땄다. 파란 띠를 딴 큰딸에게 무한 칭찬을 해주었고, 파란 띠를 딴 기념으로 함께 사진도 찍었다. 사실 파란 띠를 딴 일이 뭐 그리 대단한 일이겠는가. 어쩌면 다른 이들에게는 이 아비가 지나치게 호들갑을 떠는 것처럼 보일지도 모르겠다. 하지만 밖에서 말 한마디 잘 하지 않는 딸아이에게는 대단한 성취임에 틀림없다. 시언이는 체력도 약하고, 내향적인 아이인 편에 속한다. 그래서 우리 부부는 아이를 처음 태권도 학원에 보내면서 잘할 수 있을까 걱정을 많이 했다. 그러나 다행스럽게도 시언이는 태권도 학원을 아주 즐겁게 잘 다니고 있고, 파란 띠까지 땄으니 분명 대단한 일이라고 할 수 있다(얼마 전 품띠를 땄음). 아이가 파란 띠를 딴 일은 아이뿐 아니라 사실 내게도 큰 의미가 있다.

파란 띠. 소년 경일이가 처음으로 맛본 인생의 쓴맛이었다. 딸아이를 통해 보게 되는 요즘 승급심사를 보면 그다지 어렵지는 않은 것 같다(지극히 개인적 판단). 반면 소년 경일이 때는 태권도 학원 승급심사가 전혀 쉽지 않았다. 이 또한 지극히 개인적 판단에서.

어렴풋한 기억을 더듬어 보면, 원생들은 어느 토요일 오전 학원에 모였다. 눈앞에는 '승급심사'라고 쓰인 커다란 현수막이 보인다. 현수막 아래에는 심사단 학원 관장님과 작은 사부님들이 불꽃 같은 눈동자를 하고 서류가 놓인 탁자 위에 펜을 들고 앉아 있었다. 심사단 명단 순서대로 같은 품새를 보는 7~8명 원생이 함께 일정한 간격을 두고 긴

장된 표정으로 나선다. 심사를 보는 원생들은 심사단의 시작 사인과 함께 같은 동작으로 품새를 한다. 이것이 내가 기억하는 당시 승급심사의 풍경이다.

허리에 노란 띠를 띠고 있던 소년 경일이의 차례가 왔다. 그 순간 생각지도 못한 일이 발생했다. 남들은 모두가 하나같이 같은 파란색의 띠를 띠고, 같은 품새를 했다. 그런데 아뿔싸! 뭔가 잘못되었음을 직감했다. 나는 마치 '미운 오리 새끼' 마냥 파란 띠를 띤 원생들 사이에 혼자 노란 띠를 하고 서 있었다. 그런데도 심사단은 아무렇지도 않게 품새를 시작하라고 사인했다.

파란 띠를 한 원생들은 절도 있는 동작으로 일사불란하게 같은 품새를 했다. 노란 띠를 한 나만 다른 품새를 해야 했다. 나는 심사 볼 품새를 분명 열심히 준비해 모든 동작을 외웠다. 하지만 나만 빼고 같은 품새를 하는 원생들 사이에서 동작은 망가졌고, 나도 모르게 다른 품새를 쫓아가는 내 손과 발은 통제 불가능했으며, 원하지 않게 움직이는 손과 발을 뒤늦게 제자리로 돌리느라 정신이 없었다. 그렇게 품새는 끝이 났고, 나는 내가 해야 할 품새를 다 마치지 못한 채 멈춰 섰다. 심사단과 뒤에서 쳐다보는 원생들이 "너는 심사 부적격자!"라고 외치는 것만 같았다. 나 스스로가 봐도 한심하기 짝이 없었다.

부끄러움과 낙오자의 무거운 심정으로 겨우 두 다리로 버티며

간신히 서 있던 내게 관장님은 내가 해야 할 품새를 혼자 해보라 하셨다. 그 모습과 목소리는 '위엄' 그 자체였다. 나는 몇 번 동작을 취했지만 이내 멈췄다. 당황할 대로 당황한 내 머리는 새하얀 백지가 되어 아무 생각도, 아무 동작도 할 수 없었다. 그렇게 심사는 끝이 났다. 소년 경일이가 심사를 마치고 자리에 앉을 때 누군가 뒤통수에 대고 말했다.

"너 그렇게 하면 띠 안 준다."

고개를 돌려 얼굴을 보니 학원에서 몇 번 본 적 있는 한두 살 많은 형이었다. 그 말에 소년 경일이는 무너졌다. 이미 심사를 망쳤다는 사실에 스스로 자책하던 나에게 "너 그렇게 하면 띠 안 준다"라는 말은 마치 사형선고처럼 들렸다.

그날부로 더는 학원에 가지 않았다.
태권도 학원은 나 스스로가 원해 부모님을 졸라 다닌 거였지만 더는 계속 학원에 갈 용기가 나지 않았다. 승급심사를 망치기 전까지 태권도가 재미없었던 적이 단 한 번도 없었는데. 나는 부모님께 승급심사를 망쳤고, 그래서 더는 학원에 갈 용기가 나지 않는다고 솔직하게 말하지 못했다. 대신 피곤하다, 재미가 없어졌다는 거짓말로 둘러대며 태권도 학원을 끊었다. 그렇게 내 인생의 태권도는 만년 '노란 띠'였다.

이런 탓에 내 딸 시언이가 파란 띠를 딴 일은 엄청난 사건이요,

우리 집 가문의 영광이었다. 이런 까닭에 내가 그토록 큰딸의 '파란 띠'를 기뻐한 것이다.

생각해 보니 소년 경일이에게 '미운 오리 새끼'로 망친 승급심사는 인생에서 맞은 첫 번째 고난이었고 실패였다. 그때 소년 경일이가 선택한 것은 회피였다. 이 선택이 두고두고 아쉽다. 소년 경일이가 조금만 더 자기애가 강한 아이였다면, "너 그렇게 하면 띠 안 준다"라고 말한 그놈에게,

"너나 잘해!"(나만의 노트엔 심한 욕으로 한 바가지 퍼부었다.)
이렇게 말해줬거나 차라리 그 면상에 주먹이라도 한 대 날렸을 텐데.

소년 경일이가 조금만 더 당돌한 아이였다면, '미운 오리 새끼'마냥 파란 띠 원생과 조를 편성한 심사단에게,

"왜 조를 이렇게 편성하셨죠?"
"노란 띠인 저를 왜 파란 띠 무리에 넣으셨죠?"
"이건 불공정한 처사입니다. 부당합니다!"

이렇게 외쳤을 텐데.

소년 경일로서는 나를 향한 비난의 소리에 맞받아칠 용기도, 부

당함에 저항할 당당함도 부족했다. 어린 나로서는 어떻게 자기 사랑을 해야 하는지도 몰랐고, 실패를 마주할 준비도 안 되어 있었던 것 같다. 만약 어떤 상황에든 자기 사랑을 최우선으로 할 수 있었다면, '회피'라는 건강하지 않은 방식을 취하지 않았을 것이다.

'회피'는 겉으로는 자기애라는 얼굴을 띠고 있지만 실상은 그릇된 자기애다. 이것은 참으로 강한 독성을 띠고 있어 기회만 있으면 발동하여 나 자신을 그릇 사랑하게 만든다. 언제나 진짜 자기 사랑은 '회피'가 아니라 '직면'이다. 회피의 방법으로는 절대로 상황을 바꿀 수도, 나 자신을 사랑할 수도 없다. 회피는 나 자신을 왜곡하여 인식하게 하고, 문제 해결이 아닌 또 다른 문제를 낳을 뿐이다.

그러니 우리는 아파도 '회피가 아닌 직면으로' 우리 자신과 문제 앞에 서야 한다. 정말 용기 있게 '그렇게 하면 띠 안 준다'라고 말했던 그놈으로부터 나 자신을 당당하게 지킬 수 있었다면 결과는 완전히 달라졌을 것이다.

"괜찮아!"

"당황해서 실수한 거야, 누구라도 같은 상황이면 똑같이 실수했을 걸?"

"실수는 했지만, 동작은 아주 정확하게 했으니 충분히 심사평가에 참고해 주실 거야."

"심사단이 조 편성을 잘못해서 그런 거니까 충분히 심사평가에 고려해 주실 거야."

이렇게 회피가 아닌 직면과 정면 돌파로 나 자신을 끌어안았다면 소년 경일이는 전혀 다른 어른으로 성장하지 않았을까 싶다(누군가라도 이렇게 얘기해주었다면 좋았을 텐데…).

비운의 주인공인 사울은 그릇된 자기 사랑으로 자신을 망쳐버린 인물이다. 사울로선 여인들의 '사울은 천천이요, 다윗은 만만이로다'라는 말을 건강한 자기애로 받아들이지 못했다. 사울은 다윗보다 조금 못한 자신을 회피했고, 여인들의 이 말에 직면, 또는 정면 돌파하지 못하고 회피함으로써 한평생 다윗을 죽이는 일로, 왕의 자리를 지키는 일로 인생을 허비했다.

실패도 나를 성장케 하는 아름다운 거름이고, 실수와 부족함도 나를 더욱 강하고 성장하게 하는 영양분이 될 수 있다. 어떤 상황 속에서도 회피하지 않고, 직면하고 정면 돌파해야 성장과 성숙이 일어난다. 사랑하는 딸 시언이가 끊임없는 직면과 정면 돌파로 소년 경일이보다 훨씬 더 큰 사람이 되었으면 좋겠다.

우리 사회가 실패를 충분히 용인할 수 있는 넉넉한 사회가 되길, 또 실패를 딛고 성장과 성숙을 이루려고 몸부림치는 이들을 목소리 높여 응원하는 사회가 되었으면 좋겠다. 그랬을 때 현실 직면과 정면 돌파로 건강한 자기 사랑을 이루어가는 자들이 많아지지 않을까?

너는 갑자기 닥치는 두려운 일이나, 악한 사람에게 닥치는 멸망을 보고 무서워하지 말아라. 주님께서 네가 의지할 분이 되셔서 너의 발이 덫에 걸리지 않게 지켜 주실 것이다. (잠언 3:25-26, 새 번역)

우리 아이들 왜 이래

최근 내 아이들의 신앙에 위기감을 느꼈다. 얼마 전부터 큰딸 시언이는 수시로 '토카토카' 영상을 틀고 춤을 춘다. 처음엔 되지도 않는 몸동작에 우습고 귀엽기도 해서 '요놈이 언제 이렇게 컸나?' 싶었는데, 어느덧 아이의 몸짓이 영상에 나오는 몸짓과 비슷해지고, 영상에 나오는 노랫말이 고스란히 아이 입에서 나오는 것을 보고 깜짝 놀랐다. 어제는 JISOO의 '꽃'이라는 노래와 몸동작을 마치 학교 숙제처럼 열심히 따라하는 게 아닌가. 언니의 영향으로 둘째 시야도 옆에서 되지도 않는 말과 몸짓으로 '토카토카', JISOO의 '꽃'을 따라 했다. 그 풍경을 보다가 문득 처음 교육전도사로 일했던 순간이 떠올랐다. 더 정확히 말하면, 초등학생 아이들을 전국연합 여름 캠프에 데리고 갔다가 돌아오던 차 안에서의 일이 눈앞에 훤히 그려졌다.

　　당시 몸담고 있던 교회는 적은 무리가 모이는 공동체였기에 주일학교 초등부 전체 인원이라고 해봐야 고작 5~6명 남짓이었다. 그중에는 초신자 부모의 손에 이끌려 막 초등부 예배에 출석하기 시작한 형제가 있었다. 이 두 아이에게 찬양, 기도, 예배, 교회의 모든 활동은 처음이었고, 낯선 것이었다. 심지어 이 두 아이는 게임에 중독된 듯 보였고, 절제력 부족에 폭력성이 다분했다. 이랬던 두 형제가 3박 4일 여름 캠프를 마치고 전혀 다른 아이가 됐다. 돌아오는 차 안에서 찬양 가사를 줄줄 외우며 목이 터지라 다른 친구들과 함께 찬양했다. 그것을 보고 놀라기도 하고 정말 행복했다. 이러한 경험이 있는 나는, 두 아이가 '토카토카', '꽃'을 한목소리로 부르고, 온몸을 흔들며 춤추는 모습에 적지 않은 충격을 받은 거였다.

'우리 아이들 왜 이래?!'

현재 내가 담임하고 있는 우리 교회는 주일학교가 없다. 아이라고는 9살, 5살 된 내 두 딸뿐이라 따로 주일학교를 운영하지 않는다. 만약 두 아이가 이전 교회에 있었다면, 매 주일 해당 부서에서 선생님의 지도를 받으며, 친구들과 어울려 예배하고, 찬양하고, 말씀을 듣고, 암송하며 신앙적 경험을 많이 했을 거다. 그러나 지금은 전혀 그러지 못하고 있는 형편이다. 이런 탓에 아이들에게 미안했고, 아이들의 신앙이 걱정되기도 했다.

나는 주일학교 교역자로 적지 않은 시간을 보냈다. 주일학교의 가능성과 한계를 익히 알았기 때문에 충분히 아이들의 신앙교육을 가정예배로 대체할 수 있다고 생각했다. 그러나 생각만 했을 뿐, 이런저런 이유로 가정예배는커녕 아이들의 신앙교육에 전혀 손을 쓰지 못하고 있었다. 이런 차에 두 아이의 입에서 찬양과 말씀이 아닌 대중가요의 자극적인 노랫말이 나오는 것을 보면서 살짝 충격을 받은 것이다.

이러다 큰일이 나겠다 싶어, 주일 오후 예배를 마치고 가정에서 두 아이와 약간의 신앙교육 차원의 활동을 했다. 처음엔 집에 있는 그림 성경책을 펼쳐 들고 읽어줬다. 성령에 이끌려 광야에서 사탄에게 시험

받으시고, 말씀으로 승리하신 이야기를 들려줬다. 두 딸 앞에서 하려니 전혀 부끄럽지 않았다. 나는 예수님이 되었다가 마귀도 되면서 아이들에게 성경 말씀을 생동감 있게 전했다. 그러고 나서 아이들과 이런저런 성경 이야기로 역할 놀이를 했다. 다행히 두 아이 모두 좋아했다.

대본을 짜거나 미리 역할을 구상한 것은 아니었고 즉흥적이었다. 나는 생뚱맞게 추위에 떠는 예수님의 역할을 하게 됐는데, 큰딸 시언이의 갑작스러운 요청 때문이었다. 나는 최선을 다해 추위에 떠는 예수님을 연기했다.

"나는~ 예~수~님이다." 하고 덜덜덜 추위에 떨고 있었다. 그런데 그때, 둘째 딸아이가 다가오더니 나를 꼭 안아 주는 게 아닌가. 너무 놀라웠고, 사랑스러웠고, 귀여웠다. 그래서 마치 예수님이라도 된 양 둘째 시야를 꼭 안아주었고, 예수님의 목소리를 흉내내어 말했다.

"나는~ 예~수~님이다."
"고맙다 시야야."
"지극히 작은 자 하나에게 한 것이 곧 내게 한 것이다."
"네가 나를 사랑한 것 같이 지극히 작은 자를 사랑해다오."

이날 우리의 놀이는 가끔 성경적이지도 않고, 제멋대로였다. 그러나 확실한 것은 우리 놀이에 예수님이 있었고, 말씀과 기도가 있었다.

첫째는 아빠가 만든 놀이 중에 제일 재밌다며 계속하자고 할 정도였다. 그러나 나의 체력이 바닥나는 바람에 딱 한 번만 더 하고 놀이를 그쳤다.

잠자리에 든 늦은 밤, 아이들과 함께한 시간을 떠올렸다. 무엇보다 둘째 시야가 추위에 떠는 예수님 연기를 하는 나를 꼭 안아준 일이 떠오르며 아이의 체온이 여전히 느껴지는 듯했다.

아이들의 신앙이 걱정돼 성경 이야기를 나누고 간단한 역할 놀이를 했을 뿐인데, 그 짧은 시간에 부모인 내가 오히려 주님의 온기를 느낀 시간이었다. 우리 아이들도 조금이나마 하나님의 마음과 사랑을 느끼는 시간이었길 바랐다.

두 아이의 이름은 아내와 내가 직접 지었다. 내 아버지가 이런저런 이름을 몇 개 생각해 놓으신 듯했지만, 아이의 이름은 우리 부부가 짓겠다고 처음부터 분명하게 말씀드렸다. 아버지는 조금 서운해하시는 듯하셨지만, 우리 부부가 지은 두 아이 이름 모두 좋다고 해주셨다.

첫째 시언이의 한자는 '옳을 시', '아름다울 언'이다. 하나님의 말씀(의)에 순종함으로 아름다운 사람이 되라는 뜻으로 지었다. 둘째 시야의 한자는 '옳을 시', '이끌 야'이다. 하나님의 말씀(의)에 순종하며, 많은 이들을 주님께로 이끄는 사람이 되라는 뜻으로 지었다.

곰곰이 생각해보니 하나님께서 두 아이를 이름대로 이끄시는 것 같다는 생각이 든다. 우리 시언이는 성경 이야기를 아주 재밌어한다. 얼마 전에는 성경을 읽으면서 말했다.

"아빠, 하나님의 말씀을 읽으면 하나님을 더 사랑하게 돼."
"시언이 하나님 못 봤잖아?"
"아니, 봤어."
"언제? 어떻게?"
"성경에서."

둘째 시야도 말씀을 읽어주면 즐거워하고, 돕고 나누는 일을 좋아한다. 교회 점심시간에는 꼭 자기가 식판을 나눠주려 하고, 학교 가는 언니 책가방을 챙겨주고, 자기가 먹은 그릇과 숟가락은 가르치지도 않았는데 꼭 엄마에게 정리해 가져다준다. 가끔 의욕이 앞서 쏟고 망가뜨려 우리 부부를 힘들게 하지만 곰곰이 생각하니, 아이가 자신의 이름대로 잘 크고 있구나 싶어 감사한 마음이 들었다.

하나님은 이스라엘을 약속의 땅으로 인도하시며, 그곳에서 자녀 신앙교육을 철저히 하도록 당부하셨다.

그들에게 말하였다. "오늘 내가 당신들에게 증언한 모든 말을, 당신들은 마음에 간직해 두고, 자녀에게 가르쳐, 이 율법의 모든

말씀을 지키게 하십시오." (신명기 32:46, 새 번역)

"이것이 당신들에게 기념물이 될 것입니다. 훗날 당신들 자손이
그 돌들이 지닌 뜻이 무엇인지를 물을 때에, 주님의 언약궤 앞에
서 요단 강 물이 끊기었다는 것과, 언약궤가 요단 강을 지날 때
에 요단 강 물이 끊기었으므로 그 돌들이 이스라엘 자손에게 영
원토록 기념물이 된다는 것을, 그들에게 말해 주십시오." (여호수
아 4:6-7, 새 번역)

두 아이 신앙교육에 더욱 힘을 쓰겠노라 다짐해본다. 아이들을
일일이 따라다니며 이것은 되고, 저것은 안 된다고 말하기란 불가능하
다. 그러니 지금부터 두 아이를 '하나님을 경외하는 아이'로, '하나님의
말씀을 가까이하는 아이'로 양육하는 게 최선이 아닐까 싶다. 그러려면
부모인 내가 먼저 하나님을 경외하는 삶을 살고 하나님의 말씀을 가까
이하는 모습을 몸소 보여야 할 거다. '가랑비에 옷 젖는다'라는 말처럼
우리 아이들이 자연스레 신앙적 경험을 하고, 온몸으로 예수님의 사랑
과 온기를 느끼기를 바란다.

잘할 수 있을지 모르겠다. 자신이 없다. 그래서 오늘도 기도한다.

주님, 두 아이 모두가 이름 그대로 하나님(말씀)을 사랑하고,
많은 이들을 주님께로 이끄는 사람, 아름다운 주님의 사람으로
성장하게 하옵소서. 예수님의 이름으로 기도합니다. 아멘.

작지만 단단한 이야기 2

시골 작은교회를 담임하며, 일상속에서 가끔 외로움과 고독이 밀려올 때, 그러한 부분은 어떻게 달래시는 편인가요?

박경일 목사_

"아무래도 가족이죠(웃음). 가족과 함께 하는 시간을 통해 많이 위로받고, 힘을 얻은 거 같아요. 아내와 이런저런 대화를 통해 어려운 시간을 잘 지나왔고, 커가는 아이들을 보면서 많이 웃고, 힘을 얻었던 것 같습니다.

아, 겨울엔 불멍 정말 좋습니다.
몇 시간씩 타는 장작 화로를 보면 괜히 기분이 좋아집니다.

이도저도 안 되면 예배당에 앉아서
그냥 웁니다(웃음).
그럼 주님이 어떤 생각을 주시거나
감동 주시거나 힘을 주시더라고요."

part 3

살와사건

하나님이 우리에게
뭘 원하시지?

목회자 대부분은 토요일이 가장 바쁘다. 몇몇 탁월한 선배 목사님들은 주중에 주일 설교 준비를 다 마치고 토요일이면 성도들을 만나시기도 한다. 왜냐하면, 많은 성도가 토요일에 쉬는 까닭이다. 그러니 토요일이야말로 성도들과 교제할 수 있는 가장 좋은 시간인 거다. 나도 탁월한 선배 목사님들처럼 주중에 설교를 끝내보려고 여러 번 노력했다. 그러나 쉽지 않았다. 주중에 설교 준비를 다 마쳤어도 토요일 저녁까지 설교를 붙들고 씨름하지 않으면 뭔가 최선을 다하지 않는 느낌이랄까? 그래서 나의 토요일은 여전히 바쁘다.

어느 바쁜 토요일,
주일설교 준비를 마치고 컴퓨터 전원을 끄는 찰나,
'하나님이 우리에게 뭘 원하시지?'
'…'
'뭘 준비한 거지?'

준비했던 설교를 처음부터 다시 써야 할 것만 같았다. 참담했다. 컴퓨터 전원 버튼을 누르려다 말고 좀 더 본질적인 것을 고민하고, 정리하기 시작했다.

'하나님이 우리에게 원하시는 것은 무엇일까?'

사실 이 질문은 그리 낯설지 않은 뭔가 익숙한 느낌이랄까. 나 자신에게 참 많이 던졌던 질문이고, 이미 내 속에 이런저런 답을 갖고 있었다. 그러나 새로운 답에 갈증이 났다.

이런저런 고민한 끝에 두 가지로 정리했다.
하나님이 우리에게 궁극적으로 원하시는 것은,

1) 하나님을 기뻐하는 것
2) 하나님을 의지하는 것

기뻐하고, 하나님을 의지하면 충분할까?
뭔가 부족한 느낌이었다. 그렇다면 무엇을 더 해야 할까?

이번 주 있었던 일이 갑자기 생각났다.
금주의 사건으로 주님이 내게 말씀하시는 것 같았다.

모처럼 아이들 없이 외출했던 우리 부부는 오붓한 시간을 보내고 집에 막 도착했다. 도착하자마자 아내는 전화 한 통을 받고 부리나케 차를 몰고 사라져 버렸다. 무슨 일인가 싶었는데, 태권도학원 관장님으로부터 첫째 시언이가 태권도 학원 버스를 안 탔다는 연락을 받은 거였다. 심장이 덜컹 내려앉았다. 왜냐하면 이미 아내는 아이가 학교 밖으로 나갔다는 알림을 받은 상태였기 때문이다. 하교 알림이 울렸는데 학원 버스를 안 탔다? 아이 혼자 학교 밖을 나간 거였다.

아이는 휴대전화가 없다. 게다가 우리가 사는 집(사택)은 학교가 있는 신도시에서 5km도 넘는 거리라 아이가 혼자 집으로 올 수도 없는 노릇이었다. 아이는 졸지에 미아가 되었다. 별일 없을 거라는 마음은 있었지만, 조금씩 불안이 엄습했다.

아내가 차를 몰고 학교 근처로 달려간 지 10분 정도 지났을까. 아내로부터 전화가 왔다. 학교 근방에는 아이가 안 보인다고. 그래서 나는 곧장 차를 몰아 아이 학교를 향했다. 아이 학교 근처에 거의 도착했을 때쯤 아이를 찾았다고 아내에게 전화가 걸려 왔다. 가슴을 쓸어내리던 차에 운전석 저 멀리 시언이가 보였다.

이날은 9월이었지만 30도가 넘는 뜨거운 날씨였다. 날은 더운데다 놀란 아이는 얼굴이 새빨갛게 달아오른 채 엄마 품에 안겨 울고 있었다.

아이는 한 번도 학교 밖을 혼자 나선 적이 없었다. 그런데 왜 그날은 굳이 혼자 학교 밖을 나가 길을 잃었는지 화도 나고, 이해가 안 됐지만, 아이가 놀랄까 싶어 일단 아이를 진정시켰다. 자다가도 벌떡 일어날 만큼 좋아하는 아이스크림을 사준다고 해도 아이는 먹지 않겠다고 했다. 자기도 많이 놀라긴 놀란 모양이었다.

어느 정도 아이 마음이 진정되었을 때, 왜 혼자 학교 밖을 나섰는지 물었다. 그것은 엄마의 말을 아이가 귀담아듣지 않은 탓이었다. 2학기 첫 방과 후 수업을 하는 날이라 아내가 아이에게 "오늘은 태권도 끝나면 영어학원 가면 돼"라고 말했는데, 아이는 딴짓하다가 "학교 끝나면 영어학원으로 가면 돼"라고 이해한 거다. 보통 영어학원에 갈 때도 혼자 간 적이 없고, 선생님이 늘 학교 앞까지 오시면 함께 이동했는데 말이다. 아이가 왜 그렇게 들었는지 도통 이해가 안 갔다. 어쨌든 큰일 없이 아이를 다시 만났으니 천만다행이었다.

'하나님이 우리에게 원하시는 것은 무엇일까?'라고 시작된 고민은 첫째 시언이가 엄마 곁에서 얼굴이 빨갛게 달아오른 채 울고 있던 장면과 "천하보다 한 영혼을 귀하게 여기신다"는 말과 함께 내 속에서 뒤엉켰다. 결국 두 마음으로 정리되었다.

첫째는 '아 어쩌면, 하나님을 찾지 못하고 길 잃은 이들이 두려움과 불안에 떨고 있겠구나' 싶었고, 둘째는 잠깐이었지만 아이가 안 보인다는 말을 듣고, 가슴이 덜컹 내려앉은 내 마음이 곧 잃어버린 자를 향한 주님의 마음이겠다 싶었다. 주님은 마치 '네가 그들을 좀 찾아 주면 안 되겠니?' 하시는 것 같았다.

'아! 그렇구나. 하나님께서 내게 원하시는 것은 내가 하나님을 기뻐하고 의지하는 것이며, 다른 누군가도 하나님을 기뻐하고, 의지하도록 돕는 것을 원하시는구나!' 이것은 곧 이웃사랑이며, 전도였다. 그동안 전도의 중요성을 모르는 것은 아니었다. 열심히 전도하기도 했고, 전도를 하나님께서 기뻐하신다는 것도 알았다. 그런데, 이번 사건을 통해 온몸으로, 왜 전도해야 하는지 조금은 더 아빠 하나님의 마음으로 알게 된 것 같다.

며칠 뒤 나는 미리 준비한 물티슈와 얼음물을 들고 전도하러 신도시 광장으로 나갔다. 잃었다 찾은 아이 사건을 통해 알게 된 하나님 아버지의 마음이 느껴지기도 했고, 또 마침 심방을 갔다가 오는 길에 열심히 전도하는 이단을 보고 전투력이 상승해 곧장 광장으로 나간 거다.

땀을 뻘뻘 흘리며 혼자 열심히 물티슈와 얼음물을 나눴다. 이래서 전도가 되겠나 싶은 마음도 있었지만 이렇게라도 순종해야겠다는 마음에 열심히 준비한 물품을 나눠주며 "예수님 믿으세요"라고 전했다. 그렇게 한 시간쯤 지났을까? 잠깐 쉬느라 앉아 사람들을 물끄러미 쳐다볼 기회가 있었는데, 거리를 오고 가는 사람들의 갈급한 마음이 보이는 듯했다. 겉으로는 모두가 평온해 보였지만 실상은 그렇지 않음을 확신하면서. 누군들 삶이 호락호락하겠는가. 특히나 요즘같이 어려울 때 말이다.

하나님의 형상으로 지어진 사람은 누구나 존재적 외로움, 고달픔을 느끼며, 하나님을 찾고 있다고 할 수 있다. 어거스틴은 <고백록>에서 다음과 같이 말했다.

"오, 하나님께서 당신을 향하여 있도록 우리를 지으셨기에,
우리 마음은 당신 안에서 안식할 때까지 쉴 수 없습니다."

앞으로도 아버지 하나님의 마음을 가지고 열심히 전도하리라
다짐해 본다.

감동+생명

"넌 감동이었어"

?!

가수 성시경의 노래 <넌 감동이었어>라는 제목을 처음 들었을 때 머리를 갸우뚱했다. 성시경 노래를 좋아하는 나는 <넌 감동이었어>라는 노래를 참 많이 듣고 따라 불렀지만 노래 제목만큼은 옥에 티처럼 느꼈다. 여태껏 '감동'이라는 단어는 사람 마음에나 붙여 사용했던 나로서는 <넌 감동이었어>라는 제목이 뭔가 어법에 맞지 않는 표현 같아 어색했다. 최근의 일이 있기 전까지는, 말이다.

지금껏 어색했던 이 말이 처음으로 내 입에서 자연스레 터져 나왔다. 비로소 노래의 작사작곡가인 윤종신이 왜 "넌 감동이었어"라는 말을 노래 제목으로 붙였는지 알게 됐다. 나의 사연을 미리 밝히자면, 사랑하는 여인이 아닌 전혀 다른 대상으로부터 "넌 감동이었어"라는 말이 나온 거였다.
내게 "넌 감동이었어"의 너는 아내가 아니었다. 헤어진 옛사랑도, 존경하는 어느 목사님도 아니었다. 얼마 전 장례를 지도한 장례의 장례지도사였다. 난생처음 장례지도사분께 감동했다.

목회자로서 누릴 수 있는 가장 특별한 은혜는 죽음 앞에 서는 것이다. 더 자세히 말하면, 입관에 참여해 싸늘하게 누워계신 고인의 시신을 마주하는 일이다. 과거에는 목회자들이 장례를 직접 치르는 일까지도 했었지만, 이제 더는 목회자가 장례 전체를 치르지 않는다. 목회자는 장례의 예배를 집례하고, 장례 전체는 장례지도사가 담당한다.

이번에도 입관을 가까이에서 함께할 수 있었는데, 너무나도 정성스레 고인의 마지막을 모시는 장례지도사의 태도와 몸짓이 눈에 확 들어왔다. 특히 천에 고인의 존함을 써서 관에 덮는 과정이 있었는데, 마치 컴퓨터가 쓴 글자처럼 반듯하고 한 치의 오차도 없이 천천히 붓으로 써 내려 가는 장례지도사님의 손길에 크게 감동했다. 그 모습은 마치, 고인의 삶 전체를 이름 석 자에 담는 것만 같았다. 그 순간은 참으로 엄숙하고 경건했다.

장례 일정을 다 마치고 장례지도사님께 고인의 장례를 정성껏 치러주신 일에 유가족은 아니지만 감사드렸다. 그리고 장례지도사님과 잠깐 이런저런 대화를 주고받게 됐다.

장례지도사님은 본래 헬스트레이너로 15년을 일하셨다. 몸이 상당한 근육질이었는데 이유를 알았다. 입관식 때 장면을 떠올리며, 장례예배를 많이 인도해봤지만 손수 고인의 존함을 쓰는 것은 처음 봤다고 말씀드렸다. 그리고 어떻게 그리 글씨를 잘 쓰시는지 여쭤보니, 일반적으로 고인의 이름이 쓰인 천을 덮을 때, 대부분은 오버로크(overlock) 기계를 이용하기 때문에 장례지도사가 직접 글씨를 쓰는 경우는 드물다고 했다. 그러나 자신은 고인의 마지막 가시는 길을 잘 보내드리고 싶은 마음에 여태 수기로 직접 쓰고 계신다고 했다. 어려서부터 붓글씨 쓰는 것을 좋아하기도 했지만, 이 일을 정성껏 하기 위해 바쁜 와중에 2년 동안 한자를 공부하고, 붓글씨 쓰는 교육도 따로 받으셨다고 했다.

장례지도사님의 마음과 정성이 느껴진 까닭일까? 입관식에서 유족들은 고인의 이름 석 자가 쓰이는 그 순간만큼은 슬픔을 잊고 숨죽여 집중했다.

나는 마치 인터뷰하는 사람처럼 몰입해 질문에 질문을 이어갔다. 나는 장례지도사님께 장례지도사로 일하면서 삶의 어떤 변화가 있었는지 물었는데, 장례지도사님은 술을 끊으셨다고 했다. 고인에 대한 예의도 아니고, 유가족들에게 신뢰를 주기 위해, 흐트러지고, 피곤한 모습을 보이고 싶지 않아서 술을 끊으셨다고 했다. 내 부모, 내 지인들의 장례를 맡기고 싶을 만큼 감동이었다. 나중에 한 번 더 뵙고 싶어서 명함을 받았다. 이후 받은 전화번호로 장례지도사님께 연락을 드렸고, 다음에 한 번 더 뵙자고 문자를 드렸다. 그랬더니 문자가 왔다.

"목사님! 목회하시는 모습도 감동이었습니다. 감사합니다."

이 문자는 감동에 취해 있던 나의 정신을 금세 일깨워줬다. 그리고 생각했다.

'난 아닌데…'

나는 잠시 생각에 잠겨 있다가 주일 말씀을 준비하며 성경을 펼쳐 들었다.

때마침 눈에 들어온 구절은 요한복음 10장 말씀이었다.

나는 문이다. 누구든지 나를 통하여 들어오면, 구원을 얻고, 드나들면서 꼴을 얻을 것이다. 도둑은 다만 훔치고 죽이고 파괴하려고 오는 것뿐이다. 나는, 양들이 생명을 얻고 또 더 넘치게 얻게 하려고 왔다. 나는 선한 목자이다. 선한 목자는 양들을 위하여 자기 목숨을 버린다 (요한복음 10:9-11, 새 번역).

'아, 그렇구나. 사람이 사람에게 감동을 주는 일조차 쉽지 않지. 노력하고 애써야 겨우 감동밖에 줄 수 없지. 이것이 사람의 한계지. 그러나 우리 예수님은 감동뿐 아니라 생명을 주시는 분이지, 예수님만이 우리를 구원하시고, 꼴을 주시되 넘치도록 주시지!'

그렇다. 우리는 모두 그저 무엇인가를 필요로 하는 사람일 뿐이다. 위로가 필요하고, 사랑이 필요하고, 지혜, 기쁨, 만족, 인정, 에너지 등등을 언제나 필요로 하는 존재다. 사람이 사람에게서 이것들을 얻기도 하지만 사람은 통로일 뿐, 이 모든 것을 궁극적으로 주시는 분은 하나님이시다. 하나님만이 유일한 공급자이시다. 그러니 우리가 실로 의지하고, 신뢰할 분은 당연히 주님 한 분뿐이지 않을까? 그런데도 우리는 당장 필요한 것들을 얻고자 사람에게 기대한다. 가끔은 실제로 얻기도 하지만 대부분은 그렇지 않다. 그저 사람이란 존재가 본래 공급자가 아닌 까닭이다. 그래서 우리는 자주 사람에게 기대했다가 실망하고, 심지어 질려버리기까지 한다. 목사가 어떻게, 장로가 어떻게, 믿는 사람이 어떻게, 사람이 어떻게 그럴 수 있냐 분통을 터뜨리고 실망하지만, 사람이라서 그럴 수 있다.

우리 주님만이 참으로 생명을 주시며, 감동은 덤으로 주신다. 단적인 예를 들어보자. 야이로 회당장은 예수님께 열두 살 난 외동딸이 죽어가고 있다고 도움을 요청했다. 예수님은 곧장 야이로의 집으로 향하신다. 그러나 가는 여정이 쉽지가 않다. 예수님의 소문을 듣고 모여든 사람들로 인산인해였다. 그 무리에는 열두 해 동안 혈루증을 앓은 여인도 있었다. 여인은 자신의 병을 고치기 위해 전 재산을 다 들여 의사를 찾아다녔지만, 재산만 탕진하고 병은 치료받지 못한 상황이었다. 여인은 마지막 지푸라기라도 잡는 심정으로 예수님께 나와 마지막 남은 힘을 다해 손을 뻗어 예수님의 옷자락을 만졌다.

놀랍게도 그 순간 출혈이 멈췄다. 예수님은 그 바쁜 와중에 여인의 병을 고쳐주셨고, "딸아 네 믿음이 너를 구원하였다. 평안히 가라." 하시며 칭찬하시고 인격적으로 여인을 만나주셨다. 그 와중에 야이로의 딸이 죽는다. 야이로의 집안에서 온 종이 야이로에게 딸의 죽음을 알렸고, 더는 예수님을 괴롭히지 말라 했다. 그러나 예수님은 끝내 야이로의 집에 가서 야이로의 딸을 살려주셨다.

이 모든 과정이 감동이지 않은가? 사랑이 너무나도 많으신 예수님은 이방 땅에서의 사역을 마치시고 피곤하셨음에도 한 사람 한 사람에게 최선을 다하셨다. 야이로의 부탁에 곧장 길을 나서셨고, 야이로의 딸을 고치러 가시는 그 순간에도 열두 해 혈루증을 앓은 여인을 그냥 지나치지 않으시고 고쳐주셨다. 그리고 끝내 야이로의 딸을 살리셨다. 참으로 모든 순간이 감동이다. 우리 주님은 감동과 함께 '생명'을 넘치도록 주셨다.

유일한 공급자, 우리가 신뢰하고 의존해야 할 유일한 분.

사람은 모두 필요자이며, 주님만이 공급자가 되신다. 이 사실을 잊지 않는다면, 우리는 사람에게 실망하지도 상처받지도 않을 것이고, 당연히 사람에게 질려버리는 일도 없을 거다. 사람은 사랑할 대상이지, 신뢰하거나 의지할 대상이 못 되니까.

이 땅에 모든 이가 한 사람도 빠짐없이 주님으로부터 생명을 얻을 수 있기를. 감동은 덤으로!

열세 번째 이야기_

돈, 넌 누구냐?

모처럼 서울 구경에 나섰다. 나와 아내가 초등학교 입학을 앞둔 딸을 위해 준비한 선물은 광화문의 '교보문고'였다. 즐비한 책들과 책을 좋아하는 무리에 속해 자연스럽게 책을 벗 삼고 살기를 바라는 마음에서였다. 그러나 정작 신난 건 나였다. 교보문고에 들어서자마자 나는 정신을 놓고 말았다. 교보문고 방문의 본래 취지는 잊어버린 채 입구에 들어서자마자 잡았던 딸의 손은 아내에게 쥐여주고 서점 곳곳을 자유롭게 누비기 시작했다. 공간 가득히 채운 수많은 책이 마치 나의 것인 양, 나의 텅텅 빈 뇌에 자동으로 축적되는 듯하여 마냥 행복했다.

이미 사고 싶은 책은 온라인서점에서 한 보따리 산 터라 아이쇼핑만 했다. 인기도서들이 진열된 가판대에 가보니 역시나 많은 사람의 관심은 돈이었다.

'사람들이 이렇게 돈에 관심이 많구나.'

그 책들의 제목만 읽고도 당장에 부자가 될 것 같은 느낌마저 들었다.

돈을 주제로 쓰인 이 많은 책을 읽은 사람들은 정말 부자가 되었을까? 궁금했다. 당장에 그 책들을 펼치고 싶은 충동이 밀려왔다. 그런데 선뜻 용기가 나지 않았다.

'용기? 왜 용기를 내야만 들 수 있는 거지?'

나도 모르게 사람들의 눈치를 보고 있는 나 자신을 발견했다. 세상에 속하였으나 세상을 거슬러(?) 살기로 작정한 목사인 나. 나도 모르는 사이 자의 반 타의 반으로 그 책들은 모두 내게 금서가 되어버린 지오래였다. 왠지 모르게 그 책들을 읽는 것이 값싼 독서처럼 느껴졌고, 그 책들은 속되고, 절대로 읽어서는 안 될 것 같은 마음이 있었던 것 같다. 그래서 살짝 들었다가 놓기를 반복했다. 괜히 주저되었다. 끝내 나는 그 책들 가운데 단 한 권도 집어 들지 못했다. 아내와 딸과 만나기로 약속한 시각이 다 되어, 궁금했지만 펴 들지 못한 금서들을 뒤로한 채 서점을 나왔다. 그렇게 우리 가족은 정말 오랜만에 서울 구경도 하고 맛있는 점심을 먹고 집으로 돌아왔다.

집으로 운전해 오는 내내 생각이 떠나질 않았다.
'모든 게 돈인데…'

오고 가는 일도 돈, 맛있는 음식을 먹는 것도 돈, 모든 게 '돈돈돈'이다. 돈이 없으면 많은 게 불가능한 세상 아니던가. 잠깐 다녀온 서울 나들이였지만 우리 세 식구가 쓴 돈은 이미 몇십만 원이었다. 내 안에 또 다른 내가 불현듯 말을 걸어온다.

'돈이 많았으면 좋겠다.'

돈이 많았으면 하는 바람이 생기니 돈이 더더욱 궁금해졌고, 돈이 궁금하니 돈을 가르쳐 주는 책들을 사서 봐야만 하겠다는 동기가 강렬히 일어났다. 그날 저녁, 그 금서들을 펼치기로 굳게 마음을 먹고 <돈의 속성>, <부의 추월차선>, <특권 중산층>이라는, 나름 리뷰가 많은 책 3권을 온라인으로 주문했다. 오프라인으로 샀다면 조금은 주저했을 터. 온라인으로 주문하니 어려운 일은 아니었다. 누구 눈치 볼 것도 없이 시원하게 주문했다.

성경은 돈에 대해 어떤 관점을 취하고 있을까?

잔치는 기뻐하려고 벌이는 것이다. 포도주는 인생을 즐겁게 하고, 돈은 만사를 해결한다.(전도서 10:19, 새 번역)

부자의 재물은 그의 견고한 성이라 그가 높은 성벽 같이 여기느니라(잠언 18:11 새 번역)

내 눈에 들어온 성경 구절들은 죄다 긍정적 평가들이었다. 몇 군데 본문이 더 생각나 펼쳐보니 하나님께서 믿음의 조상들에게 말씀하신 복과 상급의 약속마다 빠지지 않고 등장하는 것이 돈이었다. 예수님께서도 공생애를 사시는 동안에 돈을 사용하셨다. 예수님의 열두 제자 가운데 돈궤를 맡은 사람(유다)이 따로 있었고, 또 성전세를 요구하는 사람들에게 베드로를 통해 물고기 입에서 은전 한 닢을 얻게 하셔서 기꺼이 성전세를 내도록 하셨다. 만약 돈 자체가 악하고 부정했다면, 예수님은 돈을 관리하는 사람을 제자공동체에 따로 두지 않으셨을 것이고, 성전세를 내는 일도 절대로 하지 않으셨을 것이다.

성경 중 돈에 관련해 부정적으로 언급하는 부분이 궁금해 찾아보니 거의 돈을 취하는 태도나 돈을 지나치게 사랑하는 것에 대해 말하고 있다. 돈을 부정적으로 보는 성경 구절이 많을 줄 알았는데 내 예상과는 달리 돈 자체에 대해 '나쁘다'라는 평가를 내린 구절을 찾기란 쉽지 않았다.

> 낙타가 바늘귀로 나가는 것이 부자가 하나님의 나라에 들어가는 것보다 쉬우니라 하시니 (마10:25, 개역개정)

예수님은 부자 청년에게 모든 것을 팔아 가난한 사람에게 나눠주고 본인을 따르라 하신다. 그러나 부자 청년은 가진 게 많아 근심하여 떠나버렸다. 그런 그를 향하여 예수님은 낙타가 바늘귀로 들어가는 것이 부자가 하나님 나라에 들어가는 것보다 훨씬 쉽다고 하셨다.

> 돈을 사랑하는 것이 모든 악의 뿌리입니다. 돈을 좇다가, 믿음에서 떠나 헤매기도 하고, 많은 고통을 겪기도 한 사람이 더러 있습니다. (디모데전서 6:10, 새번역)

> 돈을 사랑하지 말고 있는 바를 족한 줄로 알라 그가 친히 말씀하

시기를 내가 결코 너희를 버리지 아니하고 너희를 떠나지 아니
하리라 하셨느니라 (히브리서 13:5, 개역개정)

한 사람이 두 주인을 섬기지 못할 것이니 혹 이를 미워하고 저를
사랑하거나 혹 이를 중히 여기고 저를 경히 여김이라 너희가 하
나님과 재물을 겸하여 섬기지 못하느니라 (마태복음 6:24, 개역개정)

내가 내린 결론, 성경은 돈 자체에 대해서는 중립적이다. 돈 자체
를 부정적으로 평가하지 않으며, 돈의 유익함을 인정한다. 대신 돈을 하
나님과 겸하여 섬길 수 없고, 돈을 지나치게 사랑하는 것만큼은 철저히
경계한다.

지금까지 학자금 대출을 갚고 있고, 시골 교회 목회하면서 확연
히 줄어든 사례비, 여유 없는 교회 재정으로 인해 이따금 '경제적 자유'
라는 허황한 꿈을 꾸는 나에 대해 뭐라고 하실까? 돈이 많았으면 좋겠
다는 생각과 돈이 궁금해 돈 관련 책을 산 나를 하나님은 어떻게 생각하
실까?

돈 관련한 성경 구절을 찾아 읽어 보고, 아버지 하나님의 마음을
생각해 본 바로는 주님은 적어도 내게 세속적이라거나 믿음이 없다고
는 하진 않으실 것 같다. 돈은 필요한 거니까.

'지피지기 백전백승'이라고 했던가? 자본주의 시대인 만큼 돈은 힘이 세고, 돈으로 할 수 있는 일이 많기에 돈을 알고, 그 돈과 건강한 관계를 맺는 것은 분명 필요해 보인다. 돈을 공부하는 것은 결코 나쁜 것이 아니다. 돈 공부, 좀 본격적으로 해봐야겠다.

　　돈, 넌 누구냐?
　　내게 좀 와주면 안 되겠니?

'슬픔'아 미안하다

이전에 글쓰기 수업에 참여했던 적이 있다. 당시 매주 짧은 글 한 편을 쓰는 게 과제였는데, 일주일 내내 고민하고 제출 마감날 자정이 다 되도록 글을 시작조차 못 했던 주제가 있었다. 그것은 다름 아닌 '슬픔'이었다.

'가장 슬펐을 때가 언제였는가?'

한 문장을 시작하기조차 쉽지 않았다. 아무리 생각해도 슬픈 기억이 나지 않았다. 화가 머리끝까지 났던 기억은 많은데. 그래서 한주 내내 나의 과거를 돌아보고 더듬었다. 그렇게 글쓰기 과제와 씨름하다 생각지도 못한 사실을 알았다. 내게 '슬픔'에 관련해 뭔가 고장 난 부분이 있다는 것을 알았다. 당시 쓴 글을 나눠본다.

....

이번 주제는 '슬픔'이다. '슬픔'이라는 단어가 낯설다. 분명 슬펐던 때가 있었을 텐데. 아무리 생각을 해도 딱히 이렇다 할 슬픔의 순간이 떠오르지 않는다. 대신 분노했던 기억들만이 꼬리에 꼬리를 물었다.

왜 슬펐던 기억이 없지?
...
왜일까?

...

어쩌면 <인사이드아웃>의 영화에 나왔던 '슬픔이'가 내게 철저히 외면당한 탓은 아닐까?

어린 시절의 나를 꼭 닮은 첫째 딸 시언이가 이 질문의 힌트를 주는 듯하다. 시언이는 자주 운다. 너무 자주 슬픔을 느끼고, 툭하면 속상하고 슬프다는 말을 입에 달고 산다. 가끔은 생각지도 못한 상황에서 우는 바람에 아내와 나를 당혹스럽게 하기도 한다. 시도 때도 없이 우는 시언이에게 언제부턴가 극도의 분노를 느낄 때가 있는데, 나랑 너무 똑같아서? 나랑 너무 똑같은 모습이 미웠던 것 아닐까?

아! 어린 시절의 내가 슬픔을 의도적으로 무시하고, 인정해주지 않았던 것 같기도 했다.

어린 시절의 나는 울보였다. 형들이랑 공을 차다 공에 맞아 울고, 숫기 없던 나를 놀리려 조금 큰 목소리로 말한 아버지 친구 때문에 울고, 서운해 울고, 화나서 울고, 작은 일에도 나는 자주 슬퍼했고 울었다.

사내대장부에게 눈물은 틀린 것이었다. 친구들과 싸워도 코피 나는 아이, 우는 아이는 무조건 싸움에서 진 거였다. 어린 시절의 나는 눈물 많던 내가 너무 싫었다. 어렴풋이 기억을 더듬어보면, 계집애 같다는 말이 듣기 싫어 자주 눈물을 머금곤 했다. 눈물을 보이고 싶지 않아 슬픈 감정이 들면 속히 다른 생각을 하는 식으로 '슬픔'을 애써 무시하고 외면했던 나였다.

언젠가 딸아이가 말했다.
"아빠, 슬픈 마음이 들 때 다른 생각을 하면 눈물이 안 나."
"그것도 방법이네"
아이의 말에 아무렇지 않게 듣고 답했는데, 지금 생각해보니 아이가 나와 똑같이 '슬픔'을 대하고 있는 것 같아 괜스레 미안하고 슬프다.

목회하며 성도들의 기쁜 일에도 마음 다해 기뻐하지 못하고, 슬픈 일에도 온전히 슬퍼하지 못하는 나 자신을 반성한 적이 있다. 어쩌면 공감 능력이 망가졌을지도 모르겠다고 생각하기도 했다. 아마도 어린 시절부터 지금껏 내 안의 '슬픔'을 애써 무시해온 탓인 듯하다. 정말 그렇다.

한숨이 절로 난다. 나아질 수 있을까?

나는 지금 슬프다.
어쩌면 망가진 내 감정들이 회복되지 않아 평생 건강하지 않은 채로 살아가야 한다는 생각 때문에 슬프다. 정신없이 달려온 내 인생에 너무나도 소중한 '슬픔'을 무시해 왔던 나였다.

글을 쓴다는 건 나 자신의 삶을 끌어안는 것이라고 했던가? 그래서인지 글을 따라 슬픔을 여행하는 이 순간, 마음 한편에 위로의 목소리가 들린다.

'살려고 그랬지'

그렇다. 생존본능에서 나도, 딸아이도 살려고 '슬픔'을 애써 무시했다. 이제 알았으니 건강하게 '슬픔'을 다루는 법을 찾아봐야겠다. '슬픔'을 소중히 여기면서도 '슬픔'에 휘둘리지 않을 수 있는, 건강하게 '슬픔'과 관계 맺는 법을 말이다. 나도 딸 아이도 '슬픔'과 관계 잘 맺을 수 있으면 좋겠다.

숙제다.

....

나 스스로 슬픔이라는 감정을 건강하게 처리하지 못했다는 사실을 발견하고 큰딸 시언이가 걱정됐다. 그래서 아이에게 "아빠가 글을 쓰면서 알게 됐는데 말이야~" 하면서 이런저런 이야기를 해줬다. 눈물을 머금기 위해 슬픔의 감정을 외면하는 것은 결코 좋은 방법이 아닌 거 같다고. 틀린 게 아니라 마음이 똑똑(예민한 성격을 오은영 박사는 마음이 똑똑하다고 표현)해서 그런 것이라고 분명히 일러주었다.

내 얘기를 시언이가 귀담아듣는 거 같았다. 내 얘기에 위로가 되었는지 아니면 안도의 마음이었는지 모르지만 아이는 눈물을 보였다. 왜 바보처럼 또 우냐고 화내지 않았다. 이전에는 툭하면 우는 아이에게 "왜 바보 같이 또! 또! 울어?"라고 성을 냈었는데. 글쓰기로 그동안 몰랐던 새로운 나를 알게 되자 아이를 더 이해하는 기적이 일어났다. 나는 화내지 않았고, 충분히 울도록 시간과 기회를 주었다. 그리고 한 움큼 눈물을 다 쏟는 아이를 꼭 안아주었다.

세상살이에 슬픔을 피하기란 불가능하다. 슬픔은 참으로 감당하기 쉽지 않은 감정이다. 어린 나는 슬픔 그 자체도 힘들었지만, 슬픔에 우는 나 자신을 더욱 용납하지 못했던 거 같다. 그래서 슬픔에 힘들어하지 않으려 극도로 슬픔에 빠진 나 자신을 통제했다. 기뻐하는 나, 즐거워하는 나, 무엇인가를 좋아하는 나, 친구를 위로하는 나에게는 별 관심이 없었고, 오롯이 슬퍼하는 나 자신에게 집중했다. 슬퍼하며 우는 나를 발견하면 기다렸다는 듯 온갖 비난과 분노를 스스로에게 쏟아냈다. 슬픔에 힘들어 우는 나 자신과도 어쨌든 함께 살아야 하니, 슬픔으로부터 나를 보호할 수밖에. 그렇게 어린 나는 슬픔을 무시하고 외면하며 살아왔던 거였다.

이제 와 생각하니 뭐 그렇게까지 했나 싶고, 괜히 그랬다 싶다. 차라리 슬픔에 우는 나 자신을 용납해 주고, '그럴 수도 있지' 하고 용납했더라면 하는 아쉬움이 남는다.

돋보기로 뜨거운 태양을 끌어모아 종이를 태우듯 슬퍼하며 우는 나 자신을 향한 지나친 관심과 시선이 나를 상하게 한지도 모르겠다. 나와 너무나 비슷한 시언이가 앞으로 만나게 될 슬픔의 감정을 어찌 감당하며 살지 걱정스럽긴 하지만 슬퍼 우는 아이에게 몰두하지 않겠다. 즐거워하는 아이, 웃는 아이, 따뜻하고 배려심 많은 시언이에게 더 집중하겠다. 울 땐 그저 꼭 끌어안아 주겠다. 그러면 적어도 내가 아이를 태워버리진 않을 테니.

중간중간 힘든 시간을 지나면서 울기도 하고, 슬픔에 힘겨워도 하겠지만 부디 나처럼, 그러나 조금 더 일찍 자신의 슬픔이와 좋은 여행을 이어나가기를 바란다.

내 딸도 숙제를 잘 해내길.

살와(蛙)사건

우리 부부는 저녁 식사 자리에서 대화다운 대화를 해본 지가 꽤 오래됐다. 아이들이 있는 집이 으레 다 그런 것처럼 두 아이는 우리 부부에게 대화할 틈을 주지 않기 때문이다. 아이들은 먹으라는 밥은 안 먹고 하나도 중요하지 않은 이야기를, 대단히 중요한 이야기처럼 쉬지 않고 재잘거린다. 우리 부부가 잠깐이라도 한두 마디 나눌라치면 마치 기다렸다는 듯 아내와 나의 대화를 방해한다. 우리 식탁에 대한민국 부모 멘토인 조선미 교수님이나 오은영 박사님이 함께 계셨다면 아마도 한마디 하시지 않았을까 싶다.

이것이 일상인 며칠 전 그날은 아내가 아이들에게 단호하게 말했다.

"엄마 아빠도 얘기 좀 할게!"

그리곤 아내가 최근 뉴스에서 들은 이런저런 안타까운 소식을 늘어놓았다. 누가 죽었고, 그들이 왜 죽음에 이르게 되었는지, 세상이 어쩜 이리도 잘못 돌아가고 있는지 아내는 한숨을 푹푹 쉬며 비참한 세상 사건·사고를 연신 이야기했다.

그것을 듣고 있자니 한숨이 절로 나왔다. 어쩜 이렇게 하나같이 다들 힘든지. 나만 힘든 줄 알았는데, 모두의 삶이 고달프고 힘들긴 마찬가지다. 나이가 많든 적든, 돈이 많든 적든, 하나님을 믿든 믿지 않든 한 사람도 빠짐없이 말이다.

문득, 며칠 전 일이 생각난다. 청개구리를 죽인, 살와(蛙:개구리 와) 사건.

새벽예배를 준비하려고 예배당에 불을 켜는 순간 불청객과 마주했다. 엄지손가락만 한 청개구리였다.
'요놈은 또 어떻게 들어왔지?'

독사에(마당에서), 쥐에(내 사무실에서), 이제는 예배당에서 개구리를 잡다니. 새벽부터 한숨이 절로 났다. 그래도 어쩌겠는가. 나도 살아야 하고, 너도 살아야 하니. 새벽예배 준비로 분주한 탓에 나중에 숲으로 돌려보낼 참으로 마침 곁에 있던 스티로폼 상자 안에 청개구리를 잡아 넣어두었다.

사무실에서 예배준비를 마치고, 예배당에 들어가려는데 스티로폼 상자 안에서 팔딱팔딱 뛰는 소리가 쉼 없이 들린다. 그 소리가 어찌나 요란스럽던지. 귀에 거슬릴 정도였다.

'오늘은 아침부터 바쁘니까, 오후 늦게 놓아줄게'

아침에 첫째 등교시키고, 지인과의 약속이 있어 부랴부랴 준비하고 다녀왔다. 족히 150km를 넘게 오가느라 집에 돌아왔을 때는 이미 저녁이었다. 다음날에도 추석 명절을 맞아 고마운 분들에게 선물을 여기저기 직접 배달하느라 바빴다. 피곤했지만, 하나님과의 약속을 지키느라 말씀을 읽고, 기도의 자리에 꽤 오랜 시간 머물렀다. 어느덧 어둑어둑해진 저녁이 되었다. 그렇게 하루 일정을 마치고 퇴근하며, 사택으로 들어가려는 순간,

'아!! 청개구리'
'설마, 개구리가 생명력이 얼마나 강한데, 물기 없는 곳에서 얼마나 오래 사는데…'

상자는 조용했고 불길한 예감이 들었다. 조심스레 뚜껑을 열었더니 안타깝게도 청개구리는 이미 숨을 거둔 상태였다. 바싹 마른 채로. 개구리는 머리를 상자 모서리에 처박고 죽어있었다. 개구리에게 너무 미안했다. 이전에도 마당에서 청개구리를 만난 적이 있었지만, 그때는 바로 교회 예배당 옆에 있는 밭으로 보내줬었다. 바로 놓아줄 걸 그랬다 싶은 후회막심이었지만, 어쩌겠나 이미 때는 늦어버린 것을.

바싹 마른 상자에서 얼마나 고통스러웠을까.
살아보려고 얼마나 발버둥을 쳤을까.

그 생존을 위한 투쟁의 소리를 단지 '요란하다, 귀에 거슬린다'라고 느낀 내가 야만인처럼 느껴졌다. 바쁘다는 핑계로, 청개구리의 생존을 위한 투쟁을 외면한 나는 살인자는 아니었지만, 살와(蛙:개구리)자였다.

청개구리를 넣어둔 상자를 지나면서 몇 번이고 팔딱팔딱 뛰는 소리를 들었지만 무시했다. 분명 살려줄 마음은 100%였지만 다른 더 급한 일을 처리하느라 미루고 미루다 그만 잊어버린 거다. 결국, 청개구리의 생사를 건 투쟁의 소리를 별거 아니라 여긴 나의 무심함이 청개구리를 죽음으로 내몰았다. 더욱이 청개구리의 사체를 따로 처리하지 않고 스티로폼 상자 그대로를 분리수거함에 내동댕이쳐버렸다. 청개구리 사체를 유기한 셈이다. 용기가 없던 까닭에.

무심함, 외면, 용기없음.
이것이 청개구리를 죽인 나의 죄목이다.

아내가 평소답지 않게 아이들을 입막음하고 말했던 이야기, 어쩌면 그 이야기의 일부는 누군가의 무심함, 외면, 용기없음 때문에 일어난 것은 아닐까. 무심함, 외면, 용기없음은 사회라는 영역에서 참으로 무섭고 위험천만한 흉기가 될 수도 있겠다는 생각이 새삼 든다. 바쁜 일이 있을 수 있다. 안 바쁜 사람이 어디 있겠나. 모든 것이 우리의 생존과 관련된 일이니 말이다. 그렇더라도 핑계할 수 없다. 그 어떤 것도 '생명'보다 소중한 것은 없다.

우리는 마땅히 사람의 고통과 신음에 늘 귀를 기울여야 한다. 무심코 들은 말 한마디는 누군가의 마지막 생존을 위한 투쟁의 외침일 수 있으니까. 나는 간절히 기도한다. 나의 바쁜 일, 나의 중요한 일에 마음과 정신이 팔려 누군가가 도움을 요청하며 뻗은 손을 내동댕이치는 일이 없기를. 부디.

우리의 무심함, 외면, 용기없음을 하나님도 절대 가볍다 하지 않으실 것이다. 우리 하나님은 언제나 고통받는 자들의 울부짖음을 돌아보시고, 작은 신음까지도 귀 기울이시는 분이니 말이다. 그러니 누군가 말을 하면, 대수롭지 않게 들려도 대수롭게 들으려는 노력이 필요하겠다. 혹시 진짜면 어쩌겠나? 누군가의 말 속에 담긴 마음을 들여다볼 수 있는 초능력이라도 있으면 좋겠다. 그러면 청개구리를 죽게 만든 '생명을 외면한 중범죄'를 사람에게만큼은 반복하지 않을 수 있을 테니까.

청개구리야, 미안하고 고마워.
너의 죽음이 헛되지 않도록 힘쓸게.

작지만 단단한 이야기 3

우리들의 신앙생활이 좀더 자연스러우면 좋겠습니다. 인위적인 신앙생활이 아니라, 자연스러운 신앙생활을 위해서는 무엇이 필요할까요?

박경일 목사_

"저는 우선 우리 자신의 한계를 인정하는 것이 필요하다고 생각합니다. 한계를 인정한다는 것은, 우리의 연약함과 부족함을 인정하는 것입니다. 로마서에도 모든 사람이 치우쳐 있다고 하지 않습니까? 나도 너도 치우쳐 있고, 그래서 사람이 온전하지 않다는 것을 인정하면 나 자신을 지나치게 괴롭히지도 않고, 타인을 넉넉한 마음으로 용납해 줄 수 있는 거 같습니다.

또 평소에 '하나님 앞에서' 살려고 하는 자세가 필요한 거 같아요. 저는 이것을 '이미 시작된 하나님 나라를 산다는 것'으로 이해합니다.

이게 쉽지 않은데요. 저 같은 경우 평소 말씀을 읽고 기도하면서 하나님의 성품을 간절히 구하고 추구합니다. 그리고 하나님이 무엇을 기뻐하실까 생각하며 그 뜻 안에 살려고 발버둥칩니다. 그러다 보니 여러 선택 앞에서 조금 더 선한 일들을 해나갈 수 있고, 자연스레 신앙과 삶의 간격이 좁혀지고, 삶이 조금은 더 '신앙인다워지는 것' 같다는 생각을 합니다.

뭘 하고 안하고가 중요한 게 아니라, 하나님 중심적인 삶을 살아내기 위한 분투가 중요하다고 봐요."

part 4

거룩한 권능이 시작되다

'이미'와 '아직은 아닌'
사이를 사는 삶

천국은 어떤 곳일까? 천국을 보았다는 사람들이 많다. 내가 자주 이용하는 알라딘(온라인서점)에 '천국'이라는 단어를 검색하니 자료가 적지 않다. 사람들이 보았다는 천국, 천국에 관한 무수한 책들은 신뢰할 만할까? 장담할 수 없다. 왜냐하면, 천국은 하나님의 영역인 까닭이다. 이런 이유로 우리는 오랫동안 천국에 대해 오해해 왔다. 내 어린 시절에도 '황금으로 된 궁전', '저 높은 하늘과 구름 위에 있는 곳'으로 천국을 배웠다. 이러한 천국 이해는 성경이 말한 바와는 거리가 멀고, 오히려 천당에 가까워 보인다. '천당'이라는 단어는 불교에서 파생된 단어다. '하늘에 있는 신들의 궁전'이라는 뜻으로, 죽어서 가는 복된 세계를 의미한다. 교회에서조차 천국을 천당으로 이해한 것은 아마도 우리나라가 오랫동안 유교와 불교의 영향 아래 있었고, 조선 말기에 전해진 천주교 내세 사상의 영향인 듯하다.

천국을 객관적 실체로 경험한 사람은 아무도 없다. 이런 이유에서 천국에 관한 오해는 어쩌면 당연해 보인다. 그렇다면, 천국을 온전히 이해할 수 없다는 한계를 인정하면서도 최대한 바르게 이해할 방법은 무엇일까. (우리 그리스도인들에게는 당연한) 천국에 대해 말하는 성경에서 찾는 것이겠다. 다행스럽게도 무수한 신학자들이 성경을 근거로 천국을 연구하고, 정리해 놓은 덕분에 이전보다 더 성경적 천국 이해가 가능해졌다.

성경이 말하는 천국은 단순히 죽어서 가는 미래적이고 내세적인 천당 개념과는 완전히 다르다. 성경에서의 천국은 하나님 나라로써, 하나님의 통치와 다스림이고, 그 통치 아래 있는 모든 영역 혹은 상태를 말한다. 예수님은 공생애를 시작하시며, 하나님 나라에 대해 다음과 같이 말씀하셨다.

> 때가 찼다. 하나님의 나라가 가까이 왔다. 회개하여라. 복음을 믿어라. (마가복음 1:15, 새번역)

마가복음 1장 15절은 마가복음의 주제로 예수님이 전하신 사역과 가르침의 핵심이다. 예수님이 가시는 곳마다 귀신이 떠나갔고, 병든 자의 병이 나았으며, 잡힌 자가 놓임을 얻어 자유를 얻었다. 이것은 예수님이 철저히 하나님의 통치와 다스림을 받으셨기 때문이고, 가시는 곳마다 하나님 나라가 부분적으로 임하거나 회복된 것이다.

이 하나님 나라는 예수님이 십자가에 달려 죽으시고 사흘 만에 부활하신 사건으로 완전히 성취되었다. 이제 하나님 나라가 가까이 온 것이 아니라 하나님 나라가 본격적으로 시작된 것이라 할 수 있다. 이제 우리 예수님은 세상을 이기셨고, 성령의 사람들을 통해 하나님 나라를 회복하시고, 이루어 가신다.

하나님 나라는 철저히 '이미'와 '아직은 아닌' 이중 시제로 이해되어야 한다. 예수님이 이 땅에 오심으로 이미 시작되었고, 장차 예수님이 이 땅 가운데 다시 오실 때 완성된다. 그래서 천국은 미래적인 동시에 현재적이다(자세한 설명은, 하나님 나라와 관련된 책과 연구 자료를 참고해 보시기를 바란다).

　　이러한 하나님 나라의 이중성은 우리의 구원을 바르게 이해할 수 있는 근거이기도 하다. 성경은 구원에 대해 '받았다', '받고 있다', '받을 것이다'라는 과거(완료), 현재(진행), 미래시제로 언급한다. 성경을 읽다가 구원의 세 시제를 만나면 '구원을 받았다는 거야, 못 받았다는 거야?' 혼란스럽기 짝이 없다. 그러나 이 구원의 세 시제도 하나님 나라의 이중성으로 딱 설명이 된다. 우리는 예수님을 믿는 믿음으로 구원받은 존재인 동시에 구원받고 있고, 다시 오실 때 완전한 구원을 얻게 되는 거다.

　　이미 시작된 하나님 나라를 사는 그리스도인들에게 필연적 운명이 있다. 그것은 다름 아닌 영적 전쟁이다. 이집트에서 탈출해 가나안 땅에 들어간 이스라엘 백성의 입장과 비슷하다. 모세를 이어 여호수아라는 걸출한 리더와 함께 이스라엘 백성은 가나안 땅을 정복하고, 그 땅을 분배받아 살게 되지만, 여전히 그 땅에 가나안 민족이 남아 있었다. 하나님은 이스라엘 백성에게 가나안 민족을 진멸하라고 명령하시지만, 이스라엘은 철 병거를 가진 가나안 민족이 두렵다는 이유로 혹은 사사로운 욕심(종 삼고자)으로, 하나님의 명령을 쉽게 생각한 까닭에 그 땅의 남은 민족을 다 몰아내지 못한다. 이후 하나님은 이 민족이 가시가 되어 이스라엘을 찌를 것이라 경고하셨다.

이 가시는 분명 이스라엘이 불순종한 결과였다. 하지만 이후 하나님은 이 가시를 하나님 은혜의 도구로 사용하시기로 계획을 바꾸신다.

그러므로 나도, 여호수아가 죽은 뒤에도 남아 있는 민족들 가운데 어느 하나라도 더 이상 몰아내지 않겠다. 이렇게 하여서, 이스라엘 백성이 나 주가 가르쳐 준 길을 그들의 조상처럼 충실하게 걸어가는지 가지 않는지를 시험하여 보겠다. 그래서 주님께서는 다른 민족들을 얼른 몰아내지 않고, 그 땅에 남아 있게 하셨으며, 여호수아에게도 그들을 넘겨 주지 않으셨던 것이다. 가나안 전쟁을 전혀 겪어 본 일이 없는 모든 이스라엘 백성을 시험하시려고, 주님께서 그 땅에 남겨 두신 민족들이 있다. 전에 전쟁을 겪어 본 일이 없는 이스라엘 자손의 세대들에게, 전쟁이 무엇인지 가르쳐 알게 하여 주려고 그들을 남겨 두신 것이다. (사사기 2:21-3:2, 새 번역)

하나님이 시험하겠다 하신 것은 이스라엘을 멸하시려는 의도가 아니었다. 오히려 하나님은 그들이 영적 전쟁에서 승리해 하나님 백성다워지며 복 받는 인생이 되게 하시고자 했다.

오늘을 사는 우리에게도 영적 전쟁은 계속 진행 중이다. 그래서 여전히 가시는 우리를 찌르고 공격한다. 우리는 구원받았지만, 여전히 (구원을) 받고 있고, 완전한 구원을 받아야 하는 자들이다. 그러니 우리는 깨어 열심히 이미 시작된 하나님 나라를 살며, 장차 도래할 완전한 하나님 나라를 소망해야 한다.

지난 토요일, 열심히 주일 말씀을 준비하고 있었다. 아침 일찍 마을 청소가 있어서 새벽같이 일어나 예초기를 둘러매고 제초 작업을 한 탓에 피곤했는지 기도하다가 잠깐 잠이 들었다.

"달그락" "?!"

소리에 깼을 때, 책상 위에 놓인 커피의 얼음이 녹는 소리인 줄 알고, 텀블러를 충분히 흔들어 더는 소리가 나지 않게 했다.

"부시럭" "?!"

분명 텀블러는 내 오른편에 있었지만, 소리는 왼쪽 책상 아래에서 났다. 조심스레 책상 아래 있는 쓰레기통 뚜껑을 열었는데,

"오 마이 갓! 오 마이 갓!"

엄지손가락만 한 쥐가 있는 게 아닌가! "오 마이 갓"을 연신 쏟아내며, 사무실과 교회 공간 구석구석을 살피며 혹시나 있을 구멍을 열심히 찾았다. 구멍 난 곳은 어디에도 없었다. 곰곰이 생각해 보니 주일 점심에 성도님들이 중간 문을 열어놓곤 했는데, 아마도 그때 들어온 것 같

았다. 쥐는 몰래 숨어 들어왔다가 먹을 것을 찾아 내 사무실 쓰레기통까지 들어온 모양이었다. 처음엔 너무 끔찍하고, 징그러웠지만, 이내 하나님께서 쥐를 잡아주신 것 같아 오히려 다행이라는 생각이 들었다. 늘 깨어 있지 않으면 쥐새끼 같은 가시로부터 공격당할 수 있다는 큰 교훈으로 쥐 출몰 사건은 끝내 감사로 끝났다(쥐는 잘- 처리했다). 우리는 매 순간 순종과 불순종의 갈림길에 선다. 매 순간 하나님의 뜻을 완벽히 알기란 불가능하다. 아마도. 하지만 어떻게 해서라도 주님 편에 서야 하고, 주님을 선택해야 한다. 바꿔 말하면, 우리는 이미 시작된 하나님 나라를 매일매일 살아내야 한다.

'예수님을 믿었으니 나는 천국행이야' 하고 죽을 날만 기다리는 신앙은 건강하지 않다. 아니 틀린 거다. 오롯이 예수님을 믿는 믿음으로, 이미 시작된 하나님 나라를 살며, '오늘'이라는 시간에서 하나님의 통치와 다스림을 받아야 한다. 그러면, 완전한 천국의 기쁨과는 비교할 수 없겠으나 부분적이나마 작은 기쁨을 맛보게 된다.

영적 전쟁과 가시.
이것들을 피할 수 있다면 좋겠지만 그렇지 못하더라도 감사다. 왜냐면 하나님은 남겨 두신 영적 전쟁과 가시로 여전히 우리를 하나님 백성답게 만들어가시는 까닭이다. '이미'와 '아직은 아닌' 사이를 잘 살아 날마다 더 단단하고 아름다운 하나님 백성이 되어가기를.

열일곱 번째 이야기_

다 좋았던,
완벽했던 여름휴가

올 여름휴가는 한 사건을 빼고 거의 완벽했다. 이번 휴가지는 부모님 댁이었는데, 굳이 부모님 댁에서 휴가를 보내기로 한 것은 차로 5분 거리에 바다가 있기도 했고, 무엇보다 비용 절감 차원에서였다(90% 정도?). 3박 4일을 지내는 내내 숙박비와 식비는 전혀 들지 않았다. 그렇다고 집밥만 먹은 것은 아니었다. 가난한 시골 목사의 주머니 사정을 잘 아시는 부모님은 우리 가족을 후하게 대접하셨다. 손수 준비하신 맛있는 반찬과 과일을 매일 먹었고, 내 돈 내고는 절대 안 갈 식당에서 맛있는 음식을 먹기도 했다. 더욱이 아내에게 미안한 말이지만, 휴가차 내려온 친구가 값비싼 회도 사줘서 고급스럽게 배가 터지도록 먹었다. 아이들 역시 깨끗한 동해 바닷물에 물놀이도 하고, 그토록 바라던 모래놀이도 원 없이 할 수 있어 마냥 행복해했다. 우리 가족은 기막힌 3박 4일을 보냈다. 돌아오는 길에도 부모님이 용돈을 두둑이 챙겨주시고, 이것저것 많이 싸주시는 바람에 양손은 무겁고, 마음은 풍성했다.

그러나, 모든 것이 완벽했던 휴가는 돌아오는 휴게소에서 와장창 깨졌다. 휴가를 보내고 상경하는 차들로 도로가 군데군데 막혔다. 점심시간이 한참 지나고, 우리 가족은 허기를 채우려 휴게소에 잠시 들렀다. 식사를 마치고 후식으로 아이스크림까지 하나씩 입에 물고 기분 좋게 출발하려던 찰나,

"쿵!"

시커먼 고급 승용차 뒷문이 우리 차 오른쪽 뒤 펜더(fender)를 들이받는 소리였다.

"뭐야!"

여느 남자들과 같이 차를 아끼고, 한 성깔 하는 옛사람이 여전히 남은 나는 인상을 잔뜩 찌푸리고 차에서 내렸다. 시커먼 고급승용차에서 내린 사람들은 네 명의 멋진 중년 남성들이었다. 생각 없이 문을 세게 열어 내 차에 흠집을 낸 아저씨는 아무 일 없었다는 듯 휴게소로 향하는 게 아닌가.

"아저씨, 아저씨 때문에 제 차에 흠집이 났잖아요. 여기 보세요."
"이거 우리가 그런 거라고?"
사고 당사자는 황당한 반응을 보였다.

옆에 있던 아저씨도 덩달아 거들었다. "문 열어봐, 차에 닿는지"

열어보나마나 딱 닿았다. 사고 당사자는 너무나 어이없게도 엉뚱한 소리를 해댔다.

"아저씨도 책임이 있어요. 차를 이렇게 대셨네"

상대방은 주차선을 살짝 벗어난 내 주차를 탓했다. 순간 당황했지만 차분하게 대답했다.

"제가 차를 이렇게 댄 건, 주차선을 넘어 주차한 옆 차 때문이고요."
"아저씨들이 주차한 이곳은 주차 장소가 전혀 아니에요."

사고 당사자는 내 말에 아무 소리 못 했다. 그러나 온몸으로 '그래서 어쩌라고?' 하는 일관된 태도를 보였다. 운전자로 보이는 아저씨가 내게 말했다.

"어떻게 해줄까요?"

사과 한마디도 없이 오히려 황당해하는 네 명의 아저씨들의 태도에 짜증이 났지만, 아내가 거들어준 덕분에 성질이 난 상황에서도 차분하게 대처했다. 만약을 대비해 불법 주차한 상대 차의 위치와 차량번호가 잘 보이도록 사진을 찍었고, 운전자에게 전화번호를 요청했다. 그러고 나서 말했다.

"보험처리 해주세요."

이미 성질이 날 대로 난 나는 사고 접수 후 보험처리를 원했다. 하지만 상대 차는 장기렌터카였다. 운전자는 보험처리를 원하지 않는 것 같았고, 사고 당사자에게 내게 전화번호를 주라고 눈짓을 했다(분명 오랜 친구처럼 보였지만 그다지 우애가 좋아 보이지는 않았다). 그렇게 사고 당사자는 마지못해 자신의 번호를 불렀고, 나는 확실하게 전화번호가 맞는지 직접 전화를 걸어 확인했다.

분위기가 조금 험하게 넘어갈 수도 있는 상황이었지만, 차에 아이들도 있었고, 또 믿는 자요, 목회자인 나는 어디 가나 선을 넘지 않는 편이라 상황은 더 나빠지지 않았다. 차량번호를 사진으로 남기고, 사고 당사자의 전화번호를 받는 것으로 현장을 마무리하고 떠났다.

휴게소를 떠나는 내내 마음이 불편했다. 사고 운전자에게 사고 접수를 하라고 했지만, 오히려 내게 사고 접수를 하라고 하기도 하고, 대화 말미엔 연락처도 받았으니 갈 길 가라는 식으로 나를 대하는 바람에 기분이 언짢았다.

그렇게 운전대를 잡은 지 시간이 꽤 지났다. 그런데도 사고자들에게 연락은 오지 않았다. 내 속에는 점점 더 화가 치밀어 올랐고, 도착할 때까지 연락이 없으면 '뺑소니로 신고할까' 하는 상상을 하기도 했다. 사과 한마디 하지 않은 상대방의 태도에 성질이 난 나는 화를 삭이느라 말없이 운전만 했다. 그렇게 휴게소에서의 문콕 사건은 즐겁고 행복했던 우리 가족의 여름휴가 전체를 송두리째 패대기칠 참이었다.

불현듯 이 문콕 사건 하나가 내 즐겁고 행복했던 여름휴가를 패대기치도록 내버려두는 것은 큰 손해라는 생각이 들었다. 그러면서 갑작스레 화가 조금 누그러지더니, 이 문콕 사건이 충분히 있을 법한 일이고 대수롭지 않은 일로 여겨졌다. 가만 생각해 보니 정말 그랬다. 차는 소모품이 아니던가. 차라는 것은 사용하다 보면 긁히기도 하고 고장나기도 하는 물건일 뿐이라는 생각이 들었다. 또 상대가 사과하지 않은 것도 뭐가 그리 대수인가 싶었다. 사과하지 않은 게 아니라 경황이 없어서 못 한 거겠지, 라고 생각하니 마음이 한결 편안했다.

문콕 사건으로 내 아름답고 즐거웠던 여름휴가의 추억을 도둑맞아서는 안 되겠다는 마음의 결정을 하는 순간, 놀랍게도 평안함이 몰려왔다. 마음의 평안함이 밀려오는 순간, 다음과 같은 생각이 꼬리에 꼬리를 물었다.

'천국은 죽어야만 갈 수 있는 것이 아니고, 영원한 것과 영원하지 않은 것을 분별해 영원하지 않은 것은 놓아버리고, 영원한 것은 붙들며 '지금 여기에'서 맛보는 게 아닐까?'

'이것이야말로 이미 시작된 하나님 나라를 사는 삶이 아닐까?'

'지금 누리는 이 자유와 평안함을 장차 도래할 완전한 하나님 나라에서 영원히 누리는 것이 아닐까?'

...

영원한 것과 영원하지 않은 것을 분별하고 취사선택을 올바르게 하자, 마음이 평안할 뿐만 아니라 어떻게 대처해야 할지 방도가 떠올랐다. 내 보험사에도 연락해 보고, 간단히 수리할 수 있는 곳은 어딘지, 또 비용은 얼마나 드는지 확인할 수 있었다.

더는 연락을 기다리지 않았다. 곧장 사고 당사자에게 전화를 걸어 몇 가지 선택지를 제시했다. 마침내 사고 당사자도 나도 만족할 수 있는 결정을 함으로써 이 일을 마무리했다.

처음엔 문콕 사건 때문에 이번 여름휴가를 망쳤다고 생각했고, 이 문콕 사건을 빼야만 완벽한 휴가라 생각했는데 생각해 보니 아니었다. 오히려 이 문콕 사건 덕분에 '이미 시작된' 하나님 나라를 조금이나마 맛보고, 장차 도래할 완전한 하나님 나라를 마음에 더 품었으니 이 문콕 사건이야말로 이번 휴가의 가장 아름다운 꽃이었다.

앞으로 더 많이, 더 자주, 하나님 나라를 살고 싶다.

형제들아 내가 이것을 말하노니 혈과 육은 하나님 나라를 이어
받을 수 없고 또한 썩는 것은 썩지 아니하는 것을 유업으로 받지
못하느니라 (고린도전서 15:50, 개역개정)

선물과 예물

얼마 전 친한 친구 목사를 만났다. 친구는 나와의 대화에서 자신의 담임 목회지는 주소에 '-리'라는 글자만 없으면 된다고 했다. 친구 목사의 이야기를 듣고 나는 씩 웃었다. 왜냐면 내가 살고 목회하는 이곳의 주소가 정확히 경기도 평택시 고덕면 두릉3리인 까닭이었다. 내가 담임하고 있는 교회는 노회 시찰회의 농촌교회로 분류되어 있다.

이곳에 온 이후 다양한 분들이 사택 앞에 이것저것 일용할 양식을 많이 놓고 가신다. 나는 그분들의 얼굴을 다 모른다. 다만 고정적으로 신선한 호박을 비롯한 채소를 놓고 가시는 이장님 부부만은 잘 안다. 지난번에는 아주 싱싱한 오징어 큰놈 몇 마리를 가져다주신 덕에 오징어덮밥을 아주 맛있게 해 먹었다. 얼마나 감사한지. 이장님 내외는 내가 이곳에 처음 와서 적응하지 못하던 시기에, 그리고 목회의 이런저런 일로 괴로워할 때마다 내게 큰 위로가 되어 주셨다.

그렇다고 누군가 문 앞에 놓고 간 일용할 양식이 늘 위로가 되는 것은 아니다. 가끔은 먹지도 못할 다 썩은 채소를 두고 가시기도 하고, 유통기한이 임박했거나 개중엔 유통기한이 이미 지난 것들도 있었다. 몇 번은 유통기한이 전혀 명시되지 않은 곰팡이 든 빵도 있었다. 가져다주신 분들의 정성과 마음은 고맙고 귀하지만, 전혀 일용할 양식이 되지 못하는 것들을 받았을 땐 마음이 좀 그렇다.

상태가 좋지 않은 것들을 받을 때면 존중받지 못하는 느낌이다.

곰팡이 든 빵과 같이 당장 내다 버려야 할 쓸모없는 사람 취급받는 기분이랄까. 가끔은 누군가 두고 간 음식의 상태가 썩지는 않았으나 먹을 만한 상태가 아닐 때, 아내는 어찌할 바를 몰라 한다. 누군가 주신 것을 함부로 여겨 하나님께 죄짓는 것 같아 망설이는 거다.

심한 내적 갈등으로 괴로워하는 아내에게 나는 '답정남(답을 정해주는 남자)'이 되어 자유를 선언한다.

"버려!"
"괜히 먹었다가 탈이라도 나면 안 되니까 그냥 버려"

누군가 몰래 가져다 놓은 양식들은 내게 일종의 선물이라 생각한다. 나와 우리 가족을 생각하고 가져다주신 분들의 마음이 담긴. 사실 선물이라는 게 마음을 전하는 거 아니겠는가? '당신은 제게 소중하고 귀한 분이십니다'라는 마음을 전하는 것이 선물이다. 그래서 귀한 분들일수록 귀한 선물을 드리는 것은 당연한 거다. 나는 가끔 명절에 선물을 전하곤 하는데, 모두에게 똑같은 선물을 주진 않는다. 가끔은 내 주머니 사정을 훨씬 뛰어넘는 무리를 하기도 한다. 왜냐면 상대방을 귀하게 여기는 마음을 전하기 위해서다. 상대를 고려하지 않은 채 내가 주고 싶은 것을 주는 것은 결코 좋은 선물이 아니다. 괜히 주고도 욕먹는 일이 생길 수 있다. 상대를 귀하게 여기는 마음은 선물에 고스란히 담기기 마련이다.

몇 년 전 참 행복한 선물들을 넘치도록 받은 적이 있다. 아내가 망막박리 수술을 했을 때다. 아내는 본래 눈이 약한 편이었는데, 갑자기 눈에 이상증세가 있어 동네 안과에서 진료를 받았다. 의사는 아내 눈의 상태를 보자마자 당장 수술하지 않으면 실명할 수 있다고 했고, 의사가 급히 소견서를 써주었다. 덕분에 아내는 곧장 아주대학교병원에서 망막박리 응급수술을 받았다. 당시 상황이 매우 난처했다. 집에는 6살, 2살 두 아이가 있었고, 양가 부모님은 모두 일을 하고 계셔서 갑작스레 잡힌 수술에 어찌하실 수 없는 상황이었다. 그렇다고 내가 무작정 휴가를 낼 수도 없는 상황이었다. 어찌할 줄 몰라 괴로워하는 중에 정말 감사하게도 당시 우리 교회 성도셨던 A권사님이 한걸음에 달려오셔서 아내 곁을 지켜주셨다.

권사님의 도움으로 아내는 수술을 잘 마쳤고, 이틀 뒤에 안대를 하고 집에 왔다. 간단한 수술이었지만 통증은 계속 있었다. 그러니 아내는 집에 왔어도 할 수 있는 일이 없었다. 부목사인 나도 마찬가지였다. 나에게 아이들과 집안일을 챙길 겨를은 없었다. 청소는 몇 날 며칠을 못했고, 빨래는 산더미처럼 쌓여갔다. 집안 꼴은 말이 아니었다. 가장 큰 문제는 아이들 밥 먹는 문제였다. 애들 밥을 어쩌나 걱정하던 차에 교회 행정실에서 일하시는 간사님께 전화가 걸려 왔다. 간사님은 집 앞에 잠깐 내려오라고 했다.

무슨 일인가 싶어 내려갔더니, 간사님은 한가득 담긴 커다란 쇼

핑백을 건네셨다. 그 안에는 바나나, 딸기, 우유 등등, 심지어 팩에 든 설렁탕까지. 그 설렁탕은 우리 첫째가 가장 좋아하는 음식 중 하나였다. 금액으로도 적은 액수가 아니었지만, 쇼핑백 한가득 담겨 있는 모든 것들은 하나같이 우리 가정에 딱! 필요했던 일용할 양식들이었다. 고백하자면, 간사님과 나는 좋은 관계였지만 철저히 사무적인(?) 관계였다. 그런데도 간사님은 세 자녀 엄마답게, 엄마의 마음으로 정말 우리 가정의 필요를 마치 스캔이나 한 것처럼 일용할 양식을 한가득 선물해 주셨다. 덕분에 아내와 나는 행복했고, 감사했고, 우리 두 아이는 목숨을 부지할 수 있었다.

두 분 외에도 존경하는 담임목사님과 사모님으로부터 시작해 A장로님, B권사님, 교회 내 청소년2팀 등등 너무나 많은 분께서 마음이 담긴 사랑의 손길을 전해주셨다. 지금 생각해도 감동이다. 모두의 마음이 담긴 사랑의 손길 덕분에 나와 우리 가족은 사랑받고 있다는 느낌을 크게 받았다. 자칫 힘들고 괴로울 수 있는 그 순간이 참으로 기쁘고 행복한 날들로 내 기억에 자리 잡고 있다.

하나님께 드리는 예물은 어떨까?

하나님은 이스라엘 백성들에게 첫 열매와 그밖에 다양한 제물을 바치라고 하셨다. 특히 하나님은 이스라엘이 번제물을 드릴 때, 흠 없고 온전한 것으로 철저히 바치게 하셨다.

왜 그러셨을까?

사실 맏물뿐 아니라 모든 것이 다 하나님의 것 아니던가. 하나님은 제물로 드리는 짐승도, 곡식도 전혀 드실 필요가 없는 분이시다. 짐승의 제물을 태워 드리는 향기를 받으셨다고는 하지만 굳이 사람들이 바치는 제물의 향기가 필요하셨을까? 전혀 그렇지 않다. 정말 우리 주님이 향기를 먹어야 사시는 분이었다면, 모든 것의 주인이신 하나님께서 스스로 온갖 짐승을 잡아 태워 향기를 맡으셨을 거다.

그렇다면 왜 하나님은 처음 열매를, 온전한 제물을 바치라고 하셨을까?

그것은 아마도 이스라엘 백성들이 처음 것과 흠 없는 것을 소중하게 구별해 드리며 고백하는 "주님만이 저의 전부이시며, 가장 존귀한 분이십니다"라는, 진정 어린 마음을 받고 싶으셨던 것이 아닐까.

하나님은 왕이시고, 모든 것의 주인이시다. 그러니 예물을 드릴 때 우리는 정성과 마음을 다해야 한다. 기억하자. 하나님은 돈 몇 푼 필요한 분이 아니시다. 하나님은 우리가 전부인 것처럼 생각하는, 없으면 죽을 것 같은 돈을 구별해 올려 드리며, "주님이 나의 전부이며, 주님이 가장 귀한 분입니다"라는 고백을 듣고 싶으신 거다. "돈이 아니라 주님 덕분에 살고 있고, 앞으로도 주님으로 살겠습니다." 이 고백을 듣고 싶은 거다.

이번 추석엔 어떤 선물로 마음을 전할까?

이번 주 예물엔 어떤 믿음의 고백을 담을까?

거룩한 권능이 시작되다

재적수 오천 명이 넘는 교회의 부목사로 있다가 30명도 채 안 되는 미조직교회의 담임 목회자로 온 지 만 삼 년이 됐다. 하지만 아무리 기도하고 기다려도 새로운 성도 한 명을 만나는 기적은 좀처럼 일어나지 않는다. 고로 나는 하루에도 몇 번씩 좌절하고 절망했다(매일은 아니지만 이따금 깊은 스올을 경험한다). 교회 개척을 한 수많은 목사님들의 은밀하고도 부끄러운 고백, '개척하면 성도들이 몰려올 줄 알았다, 다른 이는 몰라도 나는 할 수 있을 줄 알았다'라는 기대가 내게도 있었던 것 같다. 개척이 아닌 청빙을 받아온 나로서는 더 쉽사리 나로 인해 속히 교회가 안정되고 부흥, 성장할 줄 기대했다. 오만하게도. 이것이 망상이라는 것을 깨닫는 데는 시간이 그리 오래 걸리지 않았다. 내게 한 교회를 일으켜 세울 능력도, 성도 한 사람을 일으킬 세울 힘과 지혜도 없다는 사실을 나는 아주 빠르게 알아차렸다. 이러한 나 자신을 매일 적나라하게 마주한다.

목회가 자영업이 아니니 수단과 방법을 있는 대로 동원해 인원을 모으는 노력은 하고 싶지 않다. 해서도 안 되고. 슬그머니 그 뭔가를 찾아보려 해도 딱히 방법이 없다. 그래도 여전히 꿈꾼다. 공동체가 천천히, 그리고 자연스럽게 생명의 공동체가 되기를 말이다. 전혀 나아질 것 같지 않은 상황이지만 그래도 그 꿈을 아직 버리지 않고 있다.

이런 마음에서 최근 새롭게 시작한 목회 활동이 있다. 일명 '거룩한 권능 프로젝트'다. 이는 엘리야가 사르밧 여인에게 찾아가 양식을 채워주고, 그녀의 죽은 아들을 살려준 엘리야의 사역에서 모티브를 얻은 프로젝트다. 몇 주 전 평소와 다름없이 기도와 말씀을 가지고 씨름하는 가운데 엘리야와 사르밧의 이야기가 새롭게 읽혔다. 하나님은 엘리야에게 말씀하신다.

> 이제 너는, 시돈에 있는 사르밧으로 가서, 거기에서 지내도록 하여라. 내가 그 곳에 있는 한 과부에게 명하여서, 네게 먹을 것을 주도록 일러두었다. (열왕기상 17:9, 새 번역)

엘리야는 하나님의 명령에 순종하여 곧장 사르밧 여인에게로 향했다. 그러나 엘리야가 맞닥뜨린 상황은 의외였다. 분명 하나님은 사르밧 여인에게 먹을 것을 주도록 일러두었다고 하셨건만 그가 만난 사르밧 여인은 그럴만한 여유가 없었다. 사르밧 여인에게는 하나뿐인 아들과 빵을 만들어 겨우 한 끼 먹고 죽을 밀가루 조금과 기름 몇 방울이 전부였다. 그런데도 엘리야는 하나님의 말씀을 의지하여 여인에게 요구한다.

"마실 물과 먹을 것을 가져다주시면 좋겠습니다."

사르밧 여인은 엘리야의 요구에 자신은 그럴만한 형편이 못 된다는 사실을 피력한다. 남은 밀가루와 기름으로 하나뿐인 아들과 한 끼 양식을 만들어 먹고 죽을 참이라 했다. 엘리야는 하나님의 말씀을 의지하여 한 번 더 요청한다.

"두려워하지 말고 가서, 방금 말한 대로 하십시오. 그러나 음식을 만들어서, 우선 나에게 먼저 가지고 오십시오. 그 뒤에 그대와 아들이 음식을 만들어 먹도록 하십시오."

여인의 처지에선 절대 쉽지 않았을 거다. 엘리야의 요구가 무례하고 불편하게 느껴졌을 수도 있다. 하지만 여인은 끝내 엘리야의 말에 순종했다. 여인의 순종은 하나님께 한 순종이었다. 분명 쉽지 않은 상황이었지만 엘리야도, 여인도 하나님께 순종했다.

두 사람의 순종을 하나님께서 받으신 걸까? 하나님은 사르밧 여인의 뒤주의 밀가루가 떨어지지 않게, 기름도 마르지 않게 하셨다. 여기서 이야기가 끝나도 괜찮을 뻔했다. 그러나 이야기는 계속되는데, 하나님의 사람 엘리야조차 좀처럼 감당하기 쉽지 않은 상황이 벌어진다. 사르밧 여인의 하나뿐인 아들이 죽은 것이다.

사르밧 여인은 욥기서에 나오는 욥의 세 친구들과 같이, 아들의 죽음이 자신의 죄 때문이라고 여긴 것 같다. 그런 그녀는 엘리야를 원망하며 왜 자신에게 찾아와 자신의 죄를 생각나게 해 아들을 죽게 했느냐 원망했다. 엘리야로서도 당황스럽고 난감했을 거다. 엘리야는 여인의 비통하고 원망스러운 불평에도 아무 말 없이, 여인의 품에 안긴 아들을 자신의 품으로 끌어안았다. 그러고는 하나님의 임재를 맛보며 머물던 다락으로 올라가 하나님께 사르밧 여인의 하나뿐인 아들을 살려달라고 간절히, 간절히 기도했다.

　　"주 나의 하나님, 제발 이 아이의 호흡이 되돌아오게 하여 주십시오!"

　　이렇게 기도하기를 세 번이나 했다. '3'이라는 숫자는 완전수로 엘리야가 할 수 있는 최선을 다해 간절히 하나님께 기도했음을 의미한다. 놀랍게도 하나님은 엘리야의 기도를 들으시고, 아이를 살려주셨다.

　　주님께서 엘리야가 부르짖는 소리를 들으시고, 그 아이의 호흡을
　　되돌아오게 하여 주셔서, 그 아이가 살아났다. (열왕기상 17:22, 새 번역)

　　여기 '들으시고'는 히브리어 "샤마"라는 단어로 '듣다, 경청하다'라는 뜻도 있고, '듣고 응답하다'라는 뜻도 있다. 거칠게 말하면 엘리야가 기도하지 않았다면, 하나님은 사르밧 여인의 아들을 살려주지 않으셨을 것이다. 이 말씀을 읽고 묵상하면서 신도시에서 떨어진, '고덕면 두릉리'라는 주소지를 가진, 그것도 마을 맨 구석에 자리 잡은 우리 교회에 새로운 사람이 찾아오는 일은 주님의 거룩한 권능이 아니고서는 불가능한 일이라 여겨졌다. 그러면서 나와 우리 성도들이 할 수 있고 해야 할 일은, 엘리야와 같이 오롯이 하나님께 간절히 기도하는 일뿐이라 여겨졌다(물론 찾는 이들에게 복음을 적극적으로 전하는 일도 반드시 해야 할 일이다). 나는 보고 싶었다. 우리 교회 공동체와 성도 개개인 삶 가운데 역사하시는 하나님의 거룩한 권능을 말이다. 그래서 주일예배에서 이 말씀을 선

포하고 '거룩한 권능 프로젝트'를 시작하게 된 거다. 이 일은 목회자인 내가 한주에 성도 한 분과 만나서, 삶의 문제와 기도 제목을 나누고, 하나님께 기도하고 맡기는 것이다. 그러고 나서 주님이 어떻게 일하시는지, 어떤 거룩한 권능을 보이시는지 함께 기다리고 맛보는 거다. 우리의 생각과 기대와는 결과가 많이 다를 수 있을 거다. 하지만 분명 하나님은 믿음으로 간절히 기도하는 우리의 기도를 통해 거룩한 권능을 보여주실 거다. 지금도 우리 성도들의 삶에 하나님의 거룩한 권능이 있기를, 우리 교회 공동체에 거룩한 권능이 나타나길 바라고 있다.

이제 두 주가 되었고, 두 주에 걸쳐 만난 우리 성도는 고작 두 분이었다. 당연히 외적으로는 아직 아무 일도 일어나지 않았다. 하지만 내 안에서만큼은 이미 하나님의 거룩한 권능이 시작됐다. 잘 알고만 있다고 생각한 우리 성도들과 일대일로 두 번 만났을 뿐인데, 놀랍게도 '만난 이들이 어쩜 그렇게 사랑스럽게' 여겨지는지.

"자세히 보아야 예쁘다 오래 보아야 사랑스럽다 너도 그렇다"
나태주의 '풀꽃' 시처럼 말이다.

우리가 어찌 다른 사람을 사랑하겠는가. 어찌 주님의 거룩한 권능이 아니고서야 모래알과 같은, 선한 것 하나 없는 우리가 다른 누군가를 사랑할 수 있겠는가. 며칠 전에도 사랑 없는 나 자신을 보며 절망했었고, 성도를 사랑할 수 있는 주님의 마음을 부어달라고 기도했던 나다. 주님의 거룩한 권능이 내게서 시작된 것이 틀림없다.

내 안에 시작된 이 거룩한 주님의 권능이,

조금 더 세게,

조금 더 넓게,

조금 더 가깝게 계속해서 나타났으면 좋겠다.

신뢰와 순종으로, CRACK!

얼마 전 우리나라 축구선수인 이강인이 프랑스의 파리 생제르맹이라는 명문 구단에 입단했다. 시즌이 시작되기 전부터 우리 한국인들은 물론 프랑스 현지 축구팬들도 이강인 선수에 대한 기대가 컸다. 그런데 프랑스 축구팬들이 이강인을 향해 이상한 말을 하는 게 아닌가.

"이강인 완전 크랙이다", "우리 팀에서도 크랙이 되어줘!"

CRACK이라는 말은 '깨다, 부수다, 바위의 틈새'라는 뜻이다. 그래서 이 단어를 어떤 의미에서 이강인 선수에게 사용했는지 전혀 알 수가 없었다. 최근에야 비로소 알게 되었는데, 프랑스 출신 파비앙이라는 사람이 운영하는 유튜브 채널에서 말하길, 크랙은 '상대의 수비를 뚫고, 찬스를 만들어 내는 선수'라는 말이었다.

축구 원리는 간단하다. 공격과 수비. 공격은 상대 수비의 빈틈을 찾고, 또 만들어 내면서 골을 넣는 것이고, 수비는 상대에게 틈을 주지 않고 철저히 막아 골을 주지 않는 것이다. 축구 경기를 보다 보면, 수비가 너무 탄탄한 팀의 플레이에 하품이 나곤 하는데, 그러다가도 스타 선수 한 명이 기어코 상대 수비의 빈틈을 내고 골을 만들어 인저리 타임(정규시간이 끝난 뒤, 주심의 재량으로 추가 주는 시간)에 승부를 뒤집는 경기를 종종 보곤 한다. 이런 선수를 크랙이라고 하고, 이강인 선수가 팀에 중요한 승부사가 되어주기를 바라는 마음에서 팬들이 "이강인 크랙이다", "우리 팀의 크랙이 되어줘"라고 했던 거다.

나는 이 'CRACK'이라는 단어 사용을 보면서 문득,

'하나님께서 우리를 크랙으로 사용하시는구나!' 하는 생각과 함께 수비가 견고한 여리고 성의 이야기가 새롭게 해석되었다.

하나님은 이스라엘에게 가나안 땅을 주시겠다고 약속하셨다. 그 약속을 따라 가나안에 입성한 이스라엘이 처음 만난 성이 바로 여리고 성이다. 이 여리고 성은 여간해서 뚫기 어려운 난공불락의 성이었고, 굳게 닫혀 출입하는 사람이 전혀 없었다.

하나님은 이 여리고 성을 이스라엘에 주겠다고 하시면서, 이상한 전쟁 방법을 명령하신다. 조용히 6일 동안 하루 한 바퀴씩 돌고, 마지막 이레째 되는 날에 일곱 바퀴를 돌고, 나팔과 함께 함성을 지르라 하셨다. 참으로 원망의 백성, 불평불만이 가득한 이스라엘 백성이었지만 광야 2세대로 꾸려진 자들이어서일까. 어떤 불평과 원망, 의구심도 없이 여호수아를 중심으로 하나님의 명령에 그대로 순종한다. 그렇게 하루에 한 바퀴씩 6일을, 마지막 이레째는 일곱 바퀴를 돌고 나팔과 함께 함성을 크게 질렀다. 기적적으로 여리고는 무너졌고, 이스라엘은 성을 차지한다.

여리고 성을 무너뜨린 본문을 아무리 들여다봐도 이스라엘이 이 성을 무너뜨린 수단? 방법? 특별할 것이 아무것도 없다. 오직 하나님을 신뢰하고, 순종한 것뿐이다. 이스라엘 백성이 여리고 성을 돌 때마다

조금씩 크랙을 내셨는지, 아니면 일곱째 날 한 번에 크랙을 내시고 무너지게 하신 건지 정확히 알 수는 없다. 하지만 분명히 하나님은 이스라엘의 신뢰와 순종을 도구로 삼아 여리고 성에 크랙을 내셨고, 최종적으로 완전히 무너지게 하셨다.

'CRACK'이라는 단어는 내 머릿속에서 여리고 성 이야기를 지나 사르밧 여인의 이야기로 이어졌다.

하나님은 무작정 엘리야에게 사르밧 여인에게로 가라고 하신다. 미리 내가(여호와 하나님) 너에게 먹을 것을 주라고 일러놓았으니, 그녀에게 무작정 가라고 하시는 게 아닌가. 엘리야는 하나님의 말씀에 순종해 사르밧 여인에게 갔다. 그곳에 도착했을 때, 엘리야는 어쩌면 하나님께 짜증이 났을지도 모르겠다. 그녀에게는 아들과 함께 마지막 한 끼 식사해 먹고 죽을 양식밖에 없었다. 내가 만약 엘리야였다면, 어디 가서 양식이라도 꾸어다 줬으면 줬지, 절대 사르밧 여인에게 먹을 양식을 가져오라고 말하지 못했을 것 같다. 그러나 엘리야는 하나님의 크랙 원리를 알아서였을까? 참으로 하나님의 사람답게 사르밧 여인에게 당당히 말한다.

"내게 음식을 만들어오시오."
"우선 음식을 내게 가져오고 나서 당신과 아들이 음식을 드시오."

상황이 너무 안 좋았기 때문에 엘리야의 마음이 흔들렸을지도 모르겠다. 하지만 끝내 그는 하나님의 명령대로 사르밧 여인에게 음식을 요청했고, 사르밧 여인도 쉽지 않았지만, 하나님 말씀대로 마지막 양식을 엘리야에게 내어 줬다. 그러자 놀랍게도 사르밧 여인의 뒤주에는 밀가루가 가득 찼고, 기름병에도 기름이 가득 차게 된다. 하나님은 엘리야와 사르밧 여인의 신뢰와 순종으로 굶주림과 가난을 깨시고, 풍성한 은혜를 주셨다.

왜 그런지는 참으로 알 수 없는 노릇이지만 하나님은 홀로 모든 것을 하지 않으시고, 반드시 사람과 함께 동역하신다. 다시 말하지만, 왜 그렇게 일하시는지 전혀 알 수 없다. 다만 확실한 것은, 하나님은 언제나 사람과 함께 놀라운 역사를 이뤄가신다는 사실이다.

말씀의 은혜와 함께 나를 더욱 기도의 자리로 이끄는 계기가 있었다. 우연히 '하준파파(황태환)'라는 분을 알게 됐는데, 젊고 잘생긴 외모와 달리 굉장히 신실했다. 그는 간증 중에 군입대 후 이등병 때부터 지금껏 하루 성경 읽기와 기도에 각각 1시간씩 할애하는 걸 오랜 시간 지켜왔다고 했다. 관심병사로 오해받으면서까지 말이다. 목회자인 나는 부끄러운 마음이 들었다. 그래서 안 되겠다 싶어 (설교를 위한 성경 읽기와 연구 시간을 제외한) 하나님과의 친밀한 사귐을 위한 시간을 확보하기로 했다. 그런데 이 시간을 가지면서 우연인지 아닌지는 모르겠지만 평소 같지 않은 일들이 연속적으로 일어났다.

첫 번째, 예배당에서 혼자 침묵으로, 큰 소리로, 빙빙 예배당을 돌며 자유롭게 기도하던 어느 날, 나의 기도가 마치 교회를 둘러싸고 있는 영적 어둠에 크랙을 내는 것 같다는 느낌을 받았다(지극히 개인적인 느낌). 그러면서 나의 기도는 힘이 붙었고, 믿음으로 선포하며, 마치 전투력이 상승해 "돌격 앞으로!" 하며 전쟁터로 나가는 군인처럼 기도하게 됐다. 그러면서 하나님이 나를 우리 교회의 크랙으로 사용하시고, 우리 가정의 크랙으로 사용하시고, 하나님 나라의 작은 크랙으로 사용하시는지도 모르겠다는 사명감이 불타올랐고, 왠지 모를 가슴 설레는 마음이 들었다. 기도의 용사라도 된 것처럼.

두 번째, 이전에 사역하던 교회의 한 권사님으로부터 갑작스레 연락이 왔다. 내가 이전 교회를 떠나온 지 딱 2년 만에 연락을 주셨다. 권사님의 딸은 작곡 전공자인데 어느 공모전에 작품을 냈다가 선정되면서 상금을 받았다고 하셨다. 그 상금의 십일조를 어디에다 해야 하나 고민하던 중에 나와 우리 교회가 생각나서 곧장 연락을 주신 거였다. 다음 날 권사님의 딸로부터 적지 않은 헌금이 교회 통장으로 입금되었다.

세 번째, 얼마 전 교회 마당 공사를 손수 해주신 장로님께 갑자기 연락이 왔다. 장로님은 그간 해주신 것도 충분한데, 추가로 교회 마당 펜스와 십자가 탑의 2M 넘는 문을 설치해 주셨다. 이외에도 몇 가지가 더 있다. 다 설명할 수 없지만, 신기하고 놀라운 일들이 계속 일어나는 중이다. 이런 일들이 생기면서, 내 머릿속 한쪽에 맴돌기만 했던 누군가의 말이 내 입에서 새어 나온다.

"사람이 일하면 사람이 일할 뿐이지만, 사람이 기도하고 일하면 하나님께서 일하신다."

하나님 백성으로 사는 특권이 이런 것 아닐까.
지금도 이뤄지고 있는 영적 전쟁, 이렇게 하는 거 아닐까.

말씀 묵상과 기도로 하나님 나라를 회복하고, 확장하는 크랙의 한 사람이 되고 싶다.

작지만 단단한 이야기 4

우리 모두는 주 앞에서 매일, '순종의 요청'을 받습니다. 그리고 순종을 못 할 때가 더 많습니다. 이런 우리 자신을 어떻게 바라봐야 할까요?

> 박경일 목사_
> "저는 시편 131편을 굉장히 좋아하는데요. 다윗은 큰일과 감당하지 못할 놀라운 일을 하려고 힘쓰지 않는다고 말합니다. 그저 자신은 하나님께 젖 뗀 아이가 어머니 품에 있는 것과 같다고 말합니다. 저는 다윗과 같은 마음을 갖는 게 중요하다고 생각해요. 큰 순종, 대단한 순종을 하려고 하기보다 하나님 앞에 머무르고, 주님을 기뻐하는 일이 더 우선인 듯합니다.

> 또한 무엇보다 하나님의 뜻을 헤아리려고 하는 자세, 하나님께 순종하려는 마음 자체가 중요한 거 같습니다. 삶의 자리에서 하나님의 뜻이 무엇인지 매번 정확히 알 수

있는 사람은 아마도 없을 테니까요.

사실 순종은 다소 주관적인 측면이 있습니다. 그래서 순종한다고 해도 엉뚱한 선택을 할 가능성은 다분합니다. 하지만 하나님은 우리의 중심을 훤히 다 알고 계시지 않습니까? 그러니 비록 잘못된 순종을 하더라도 "그래 네가 나에게 순종하려고 그랬구나"라고, 하나님은 우리를 어여삐 여기실 겁니다. 그저 '무익한 종'이라는 겸손한 자세로 작은 순종을 주님께 보인다면 가끔은 헛다리를 짚어도 주님이 그런 우릴 보시고 충분히 기뻐하시리라 생각합니다."

part 5

엄니 눈물, 내 눈물

엄니 눈물, 내 눈물

성경에는 순종이라는 단어가 참 많이 나온다. 이것은 순종이 중요하다는 것이고, 하나님은 믿는 자녀들에게 순종을 원하신다는 뜻이다. 그러나 어떤가? 불순종한 사람을 만나는 데는 성경을 펼친 지 몇 분도 채 걸리지 않는다. 인류 역사는 불순종의 역사라고도 해도 과언이 아닐 만큼 사람에게 순종은 굉장히 어렵다. 삶이 한층 더 복잡해진 오늘을 사는 우리에게 순종은 그 자체로도 어렵지만, 무엇이 하나님 뜻인지 구분하기조차 어려운 것이 사실이다.

'하나님께 순종했던 때가 있었나?'

순종의 어려움 때문일까. 내 인생 전체에서 하나님께 순종했던 기억을 떠올려보니 손에 꼽힐만하다. 기억나는 순간이 몇 가지가 있는데, 그 가운데 가장 큰 사건은 신학교를 다니던 때였다.

나이 서른하나에 내 수입은 67만 원이었다. 직장 다니는 친구들에 비하면 터무니없이 작은 액수였지만, 당시 나는 나름 풍요로움(?)을 느끼며 살았다. 대학 졸업 후 전공을 살리지 않고, 또다시 신학생이 된 나는 찬양 인도 사례비로 30만 원을 받다가, 부족한 나를 사역자로 받아준 교회 덕분에 교육전도사로 일하게 되면서 수입이 두 배로 늘어난 까닭이었다. 더군다나 신학생이었던 내게 학식은 3,000원, 커피는 1,000원, 기숙사비와 학자금은 정부가 잠시 빌려줬기 때문(최근에야 다 상환했음)에 그럭저럭 큰 경제적인 어려움 없이 지낼 수 있었다.

그러던 5월의 어느 토요일 아침, 엄니에게 전화가 왔다.

"아들, 오늘 종로에서 만나자"

엄니는 지인 자녀의 결혼식이 서울에서 있으니 그곳에서 만나 함께 식사하자고 했다. 부랴부랴 학교 기숙사를 나섰고, 결혼식장에서 오랜만에 엄니를 만났다. 엄니는 함께 올라온 집사님, 권사님들에게 내가 신학생인 것을 자랑하셨다. 너무나 민망해 자리에서 도망치고 싶었지만, 오랜만에 먹는 맛있는 뷔페 음식이 간신히 나를 붙잡고 있었다.

엄니와 나는 식사를 마치고, 시간에 쫓겨 가까운 벤치에 믹스커피 한 잔을 손에 들고 앉았다. 엄니는 함께 오신 분들과 전세버스를 타고 다시 시골로 내려가셔야 했기에 시간이 많지 않았다. 믹스커피를 한 모금 마시기나 했을까? 엄니는 갑자기 흐느껴 울기 시작했다.

"사람 만나는 게 싫고, 초라해진다."

공무원이셨던 아버지가 20년 넘게 일하시던 직장을 퇴직하시면서 고정 수입이 없던 때였다. 아버지는 퇴직금을 연금으로 받아 안정적인 생활을 계획하셨지만, 엄니는 연금으로 받아봐야 얼마 되지 않는다며 일시금으로 굳이 받자고 하셨다. 그렇게 엄니는 아버지 퇴직금을 일시금으로 받아, 우리 가족 모두가 부유해지기를 바라는 마음으로 어느 사업에 투자하셨다. 그러나 그것은 일장춘몽이었다. 안타깝게도 투자 원금인 아버지 퇴직금은 한순간에 사라지고, 빚까지 지게 되면서 가세는 급격히 기울어졌다. 그렇게 엄니는 어려운 형편에 뭐라도 하시고 자 요양보호사 일을 하셨다. 그러나 상황이 나아지기는커녕 엄니의 몸도 마음도 지쳐갔다. 갑자기 찾아온 가난은 죽음의 늪처럼 우리 가정을 쉽사리 놓아주지 않았다. 이런 상황에 어머니가 출석하시는 교회는 성도 수가 많지 않아 서로가 모두 잘 알았고, 엄니는 조의금, 축의금만으로도 큰 부담을 느꼈던 거다.

흐느껴 우는 엄니를 보는 내 마음은 한없이 무너졌다. 왜냐하면 2주 전, 신학대학원 입학 원서비 십만 원이 수중에 없어 엄니에게 부탁한 까닭이었다. 그간 원서비를 보내주지 않아 조금 짜증이 나 있었는데…. 너무 미안했고, 나 스스로가 원망스러웠다. 입학 원서비를 달라고 한 아들의 부탁을 들어줄 수 없는 스스로의 신세가 얼마나 괴로웠을까 싶어 두 눈을 부릅뜨고 눈물을 참았다. 하지만 이미 내 마음은 눈물바다였다. 엄니와 헤어진 뒤 가까스로 마음을 다잡고 기숙사로 돌아왔다.

돌아오는 내내 마음이 무거웠다. 세상이 내일 당장에라도 멸망할 듯 고통스러웠다. 학교로 오르는 낮은 언덕조차 어쩜 그리 힘겹던지. 내가 왜 나이 서른에 다시 신학교에 입학했을까 후회하며, 하나님을 원망했다. 신학이고 뭐고 다 때려치우고 싶었다.

어둑어둑해진 늦은 밤, 나는 기숙사에서 나와 자주 걷던 한강을 걷고 또 걸었다.

‘돌아갈까?’

‘취업한 친구들은 봉급도 많이 인상되고, 대리도 달았다던데…’

‘친구들은 부모님께 용돈도 두둑이 드리던데…’

용돈은커녕, 원서비 십만 원도 없어 부모님께 부탁한 나 자신이 한없이 미웠다. 후회했다가, 마음을 다잡았다가, 나 자신을 원망하고 또 원망했다. 늦은 밤 한강은 한없이 차분하고 조용했지만, 내 속은 맹렬하고, 시끄러웠다. 하지만 아무리 생각해도 돌아가면 안 될 것 같았다. 나 자신에게 묻고 또 물어도 목회자로 부르신 하나님의 부르심을 외면할 수 없었다.

나는 갈등을 거듭한 끝에,

“부모님을 주님께 맡깁니다. 주님이 책임져주세요.”

“저는 주님을 위해 살겠습니다.”

늦은 밤 오고 가는 사람들이 많았으나 하염없이 흐르는 눈물에 신경 쓸 겨를이 없었다.

나는 기숙사로 돌아왔다. 불효를 결심하고, 부모님을 주님께 떠넘기자 내 마음은 마치 태풍이 지나간듯 한결 평안해졌다. 한결 평안해진 나는 잠시 성경을 펼쳤다. 그날 밤 하나님은 말씀으로 나를 크게 위로하셨다.

> 그는 그의 부모에게 대하여 이르기를 내가 그들을 보지 못하였
> 다 하며 그의 형제들을 인정하지 아니하며 그의 자녀를 알지 아
> 니한 것은 주의 말씀을 준행하고 주의 언약을 지킴으로 말미암
> 이로다 (신명기 33:9, 개역개정)

신명기 33장은 이른바 모세의 축복장이다. 그 가운데 레위를 축복하며 하나님께 기도한 구절이 내 전 존재를 뒤흔드는 것만 같았다. 목회자가 레위지파는 아니지만, 전적으로 하나님을 위해 일한다는 차원에서 레위를 향한 모세의 축복이 특별한 의미로 다가왔다. 하나님께서 내 순종을 받으신 것 같았고, 내 순종에 기뻐하시는 것만 같았다.

달라진 건 하나도 없었다. 퀴퀴한 냄새로 가득한 기숙사, 함께 생활했던 룸메이트, 늦깎이 학생(기독교교육과 3학년으로 편입)으로 해내야 할 일들도 산더미 그대로였다. 학부 4학년 졸업논문을 써야 했고, 신학대학원을 한 번에 합격하지 않으면 너무 늦어질 수 있다는 압박감 속에 입시 준비를 해야 상황도 그대로였다. 어려운 가정 형편도.

그런데 놀랍게도 상황은 전혀 변한 것이 없는데, 그날 신명기 말씀을 읽고 난 후 나를 둘러싼 기운이 전혀 다른 느낌이었다. 달라진 기운으로 꾸역꾸역 그대로였던 하루하루를 살았다.

이후 부족했음에도 무사히 학부를 졸업했고, 졸업과 동시에 대학원에 입학하겠다는 목표는 이루지 못했으나 이듬해 신학대학원에 입학했다. 어려운 형편도 영화처럼 극적으로 달라진 것은 아니었지만 서서히 나아지기 시작했다. 수도 없이 좌절하고 낙심했지만, 그때마다 주님의 말씀은 나의 선한 목자가 되어주셨다. 말씀을 붙잡고 사는 날들이 쌓이면서 나는 목사가 되어 지금 이곳에 있고, 부모님도 지난한 세월을 지나 두 분 다 지금까지 건강하시고, 나이가 적지 않음에도 여태껏 직장 생활을 아주 잘하고 계시다. 모든 게 감사다.

그리스도인으로 적지 않게 살아왔고, 목사까지 되었지만, 지금도 무엇이 하나님 뜻인지 몰라 주저할 때가 얼마나 많은지 모른다. 하나님이 육성으로 말씀하시고, 선택해야 할 일들을 꿈으로, 환상으로 선명히 알려주시면 좋겠건만 그런 일은 내 인생에 거의 일어나지 않았다. 하지만 그래도 순종하고 싶다. 성경에 순종이 제사보다 낫다고 하셨으니.

문득 그런 생각이 든다.
아주 작은 순종일지라도, 주님이 주시는 그 작은 감동으로 순종했을 때, 그 마음에 기뻐하시지 않을까?

하나님은 중심을 보시는 분이시다. 그러니 우리가 하나님의 뜻을 온전히 모르고, 때로 하나님의 뜻과는 먼 헛다리를 짚어도, 순종하겠다는 마음으로 그 무엇인가를 했다면, 하나님은 우리의 중심을 알아봐

주지 않으실까 싶다.

　　이 일은 나름 내 평생 몇 안 되는 강렬한 순종의 사건이다. 내 수준에서의 이 순종을 참으로 하나님께서 기뻐 받으셨길, 앞으로도 쭉 하나님께 순종하며 살고 싶다.

소심한 순종

생각지도 못하게 코너에 몰린 적이 있다. 대학원을 졸업하고 교회에서 풀타임으로 일할 때였다. 당시 나는 주일학교 교육부서와 장년부(교구)를 맡고 있었는데, 특별히 장년부 심방 기간에는 예배하고, 기도하느라 정신이 하나도 없었다.

한 번은 어느 집사님께서 심방 중에 너무나도 마음 무거운 기도 제목을 나눠주셨다. 집사님의 딸아이는 무용을 하는 고3 수험생이었다. 입시를 코앞에 둔 집사님의 딸은 연습하느라 눈코 뜰 새 없이 바빴는데, 그만 연습 중에 목뼈 골절상을 입은 것이다. 아이는 고개를 좌우로 돌리는 것조차 쉽지 않은 상황이었다. 정확히 기억은 나지 않지만, 집사님은 울며 기도 제목을 나누셨고 목회자인 나는 내 일처럼 안타까워했다. 수험생이라는 것만으로도 힘들고 괴로운 일인데 무용을 전공하는 학생으로 공부하랴, 실기 준비하랴, 그 와중에 목을 다쳤으니 얼마나 괴로웠을까. 만약 입시에 실패해 재수라도 해야 한다면, 아이에게는 죽기보다 더 싫은 일이었을 거다. 나는 기도 제목을 듣고 그 자리에서 기도해 드렸지만, 아이 부모로서 집사님은 담임목사님께 보다 강력한(?) 안수기도를 받고 싶어 하셨다. 나는 곧장 담임목사님께 긴급한 상황을 말씀드렸고, 목사님은 흔쾌히 토요일 새벽예배를 마치고 예배당에서 기도해 주시기로 하셨다.

토요일 새벽, 차량 운행을 마치고 예배 시간에 쫓겨 예배당에 들어갔다. 집사님이 딸을 데리고 미리 약속한 예배당 맨 우측 가장 앞자리에 앉아 있는 게 눈에 들어왔다. 혹시라도 아이가 피곤해 못 일어나면 어쩌나 싶어 걱정했는데. 부스스한 모습이었지만 기특하게도 아픈 몸을 이끌고 새벽예배에 참석했다.

예배가 시작되자 담임목사님께서 강단에 올라오셨다. 평소 같으면 목사님은 새벽예배를 마친 뒤에야 기도가 필요한 분들께 기도를 해주셨을 텐데, 상황의 긴급성 때문인지, 아니면 담당 교역자인 내가 호들갑을 떨어서인지 설교하시기 전에 예배당에 있는 모든 성도님들께 아이의 상황을 설명하시곤 안수기도 대신 합심기도를 해주셨다. 성도님들의 간절한 기도 소리가 예배당에 가득 차 내 귓가에 울리니 얼마나 감동되고 힘이 되던지. 나도 주님께 간절히 기도했다.

당시 섬기던 교회는 새벽예배가 끝나면, 예배당 벽 등 몇 개를 제외하고 모든 불을 껐다. 또 새벽에는 소리내어 기도하기보다 잔잔한 음악이 흐르는 가운데 기도를 드리는 분위기였다. 그날도 어두운 조명 아래 차분한 분위기 속에서 성도들의 개인 기도가 조용히 울려퍼졌다. 나도 개인 기도를 시작했다. 그런데 갑자기,

아이에게 가서 '너무 잘 하려고 하지 마라', '이번 입시를 하나님께 영광 올려드린다는 마음으로 편안히 하라'라고 말해주라는 마음이 불현듯 들었다.

나는 부정했다.

'이건 하나님의 음성이 아니야, 그냥 내 음성이야, 나의 생각일 뿐이라고.'

그런데 아이에게 가서 말해주라는 마음이 더 강하게 나를 다그쳤다. 하지만 나는 이성을 방패 삼아 필사적으로 거부했다. 왜냐하면, 나는 아이의 엄마인 집사님과는 친분이 있었지만, 딸아이와는 마주한 적이 없었던 까닭이다. 괜히 이상한 사람으로 취급하거나 혹시라도 내가 아이 옆에 갔다가 아이가 놀라서 소리를 지르기라도 한다면 끔찍한 상황이 연출될 게 분명했다. 상상만 해도 싫었다. 거부하고 또 거부했다. 그러나 주님의 명령에 순종하지 않으면 평생 두고두고 후회할 것 같은 마음이 점점 더 강하게 불일듯 일었다.

결국, 어쩔 수 없이 앉았던 자리에서 일어나 그 아이가 앉은 곳으로 천천히 걸음을 떼었다. 혹시나 펼쳐질 끔찍한 상황을 상상하며 마음을 졸였지만, 해야 할 말을 머릿속으로 정리하며 걸어갔다. 이 생각 저 생각이 많아서였는지, 아이에게 손만 뻗으면 닿을 코앞까지 다가간 순간, 하나님이 "전하라" 감동 주신 말을 새까맣게 잊어버렸다. 그래서 나는 가던 걸음을 되돌려 예배당 맨 끝자리에 잠깐 멈춰 섰다. 그리곤 벽을 바라본 채 전할 말을 마음속으로 다시 정리했다. 아마도 누가 봤으면 '저놈 뭐 하는 거지?' 하고 생각했을 거다. 지금 생각해도 굉장히 우스꽝스럽다.

더는 도망갈 구멍이 없었다. 이판사판이었다. 생면부지인 아이를 향해 걸어갔다. 이내 아이가 앉은 자리에 섰다. 그리곤 혹시라도 놀라지 않을까 싶어 어깨를 조심스레 톡톡 쳤다. 다행히 아이는 소리를 지르지 않았다. 아이가 앉은 장의자 옆에 무릎을 꿇고, 내 소개를 간단히 하고 다음과 같이 말했다.

"널 위해 기도하는데, 하나님이 이번 입시를 너무 잘 하려고 애쓰지 말라고 하시네."
"하나님께 영광 올려드린다는 마음으로 편안히 하라고 하시네."
"이번 입시를 하나님을 경험하는 기회로 삼으면 좋겠어."
"널 위해 기도할게."

아이 눈빛이 약간 당황하는 것 같았지만 놀라지도 않았고, 내 말을 막지도 않았다. 다행히 할 말을 마치고 제 자리로 서둘러 돌아오는데,

'너무 빨리 말했나?'
'너무 작게 말을 해서 잘 안 들린 거 아냐?'

후회가 밀려왔다. '조금 천천히, 크게 말할걸. 기왕 하는 거 좀 더 잘 할걸.' 싶었다.
그런데 순간, 요나가 사흘 길인 큰 도시 니느웨에 하나님의 심판 메시지를 하루 만에 속히 전한 말씀이 떠올랐다. 성의 없이 전한 하나님

의 심판 메시지를 요나에게서 듣고도 니느웨 사람은 하나님께 회개하며, 하나님의 심판을 피한 사실이 생각났다. 비록 나는 빠르고, 작게 말했어도 하나님은 분명히 아이의 귀에 천천히, 크게 들리게 하셨으리라 하는 마음에 곧 평안해졌다. 그저 순종했다는 마음에 스스로가 대견하게 느껴졌다.

결과는 좋았다. 집사님은 아이가 편안한 마음으로 입시를 잘 치렀고, 큰 통증 없이 동작을 잘 수행했다는 소식을 전해주셨다. 아이는 기대 이상의 결과로 원하던 대학에 입학했다. 아이의 아빠는 하나님을 믿지 않는 분이신데, 아이 문제로 기도도 열심히 하셨고, 좋은 결과가 나면 교회에 나오시겠다고 했다. 후에, 아이의 합격 소식을 들은 아이 아빠는 눈물을 흘리며 기뻐하셨고, 내 기억으로 예배에 한 번 참석하셨다(딱 한 번).

결과가 좋아서 기쁘고 감사했다. 내 공이라고는 절대 생각하지 않는다. 누구보다 아픈 가운데 입시를 잘 치른 본인의 수고와 부모님의 뒷바라지 덕분이었고, 모든 것이 하나님의 은혜였다. 다만, 하나님이 하시는 일에 함께 참여할 수 있어서 감사할 뿐이었다.

하나님께 순종하기란 쉽지 않은 일이다. 순종 자체도 어렵지만, 무엇이 하나님의 뜻인지 알기란 더 어렵다. 우리가 하나님의 뜻이라고 알고 순종했더라도 정작 그 일이 하나님이 원하신 뜻이 아닐 수도 있을

것이다. 또 가끔 순종을 한다고 하면서도 나의 작은 순종이 하나님의 일
에 얼마나 도움이 되겠나 싶어 의문이 들 때도 있다.

그렇더라도 나는 하나님께 순종하는 사람이고 싶다.
하나님의 백성은 그래야 하니까.
주님이 기뻐하시는 일이니까.

사무엘이 이르되 여호와께서 번제와 다른 제사를 그의 목소리
를 청종하는 것을 좋아하심 같이 좋아하시겠나이까 순종이 제
사보다 낫고 듣는 것이 숫양의 기름보다 나으니 (사무엘상 15:22, 개
역개정)

나 스스로 본래 소심하고, 믿음이 부실한 사람이라 생각한다. 하
지만 그렇더라도 내가 할 수 있는 만큼, 아는 만큼, 너무 소소해 누구에
게도 티가 안 나더라도 나는 하나님을 의식하며 순종해 주님을 기쁘시
게 하고 싶다.

주님, 순종의 사람이 되게 하소서.

근심,
한 번 더 하나님의 뜻대로

부모에게 가장 속상한 일을 꼽으라면 단연 아이가 아플 때다. 아이들이 아플 때면, 차라리 부모인 내가 아프면 좋겠다는 생각을 하기도 하고, 괜히 속상한 마음에 '무자식이 상팔자'라는 말이 뇌리를 스치기도 한다. 두 딸은 하루가 멀다고 약을 먹는다. 초등학교와 어린이집에 다녀서인지 아이들은 유행하는 병마다 그냥 지나친 적이 없다. 아내가 청소하면서 아이들이 먹다 남은 약을 한곳에 모으니 20kg 쌀 한 포에 버금간다. 글을 쓰는 지금도 아내는 아픈 작은아이랑 병원에 갔고, 큰아이는 옆에서 콜록거리고 있다. 그래서 창밖에 내리는 장맛비처럼 우리집 현재 날씨는 흐리거나 약간의 비가 내리는 중이다. 여전히 아이가 아플 때면, 마음이 아프지만 그래도 갓 부모가 된 때에 비하면 지금은 무덤덤한 편이다.

　　큰아이가 10개월이었던 어느 날, 아이에게 감기 증상이 있었다. 아내는 즉각 동네 병원에 데려가 진료를 받았다. 의사 선생님은 아이에게 열이 나는 것은 아니니 약을 먹여보고 조금 더 지켜보자고 했다. 처방받은 약을 먹이기도 쉽지 않았지만 약을 먹여도 상태가 나아지지 않았다. 그렇게 우리 부부는 며칠 간격으로 동네 병원 3~4곳을 옮겨 다녔고, 그때마다 의사 선생님으로부터 열이 나지 않으니 약을 먹여보고 좀 더 지켜보자는 같은 말만 들을 뿐이었다.

　　한 달 정도가 지났을까? 아이는 밤에 갑자기 고열을 앓았다. 숨소리도 점점 더 거칠어졌다. 날이 밝자마자 안 되겠다 싶어 동탄에 있는 어린이 전문 병원에 데려갔다. 병원은 아픈 아이들로 북새통이었다. 병원을 찾은 많은 아픈 아이들과 부모의 숫자에 내 아이만 아픈 게 아니구나 싶어 잠깐의 위안을 얻을 때쯤 진료 차례가 왔다. 아내와 나는 아픈 아이를 데리고 진료실에 들어갔다.

의사 선생님은 청진기를 아이의 가슴과 등에 대자마자,
"아이 상태가 많이 안 좋네요."
"폐렴 같으니 당장 입원 치료하세요."

아내와 나는 의사 선생님의 말씀에 오히려 안도감을 느꼈다. 곁에서 아이 상태가 점점 더 나빠지고 있다는 것을 느끼면서도 열이 나지 않으니 약을 먹고 상황을 더 지켜보자는 말에 답답했는데 입원하라는 말이 반갑기까지 했다. 막 엄마 아빠가 된 초보 부모인 우리는 아이에게 혹시나 원인 모를 병이 있는 건 아닐까 싶어 무척이나 걱정했었다.

잠깐의 안도감이 커다란 근심과 분노로 바뀌는 데에는 그리 오랜 시간이 걸리지 않았다. 입원 치료가 필요하다는 건 링거를 맞아야 한다는 의미였다. 주사실로 들어가면서 아내와 나는 걱정이 산더미였다. 첫째 아이는 병원에 들어서자마자 울기 시작하는 아이였기 때문이다. 아니나 다를까 간호사들이 혈관을 찾아 바늘을 찔러야 하는데 아이는 자지러지게 울며 저항하기 시작했다. 간호사들은 아이를 침대에 눕혀놓고, 저항하지 못하도록 아빠인 내게 아이의 팔다리를 잡으라 했다. 10개월밖에 안 된 아이는 있는 힘을 다해 저항했고, 나는 가슴이 찢어졌지만 어쩔 도리없이 아이의 팔다리를 온몸으로 붙들었다. 얼마나 힘이 세던지. 아이와의 사투는 쉽게 끝나지 않았다. 10개월밖에 안 된 터라 간호사들이 혈관을 찾기가 좀처럼 쉽지 않았다. 유난히 커 보이는 주삿바늘은 아이의 가녀린 팔을 죽일 듯 찔러댔다. 순간 아이와 눈이 마주쳤다.

온몸을 부들부들 떠는 아이는 눈빛으로 '아빠가 나한테 어떻게 이럴 수 있어?'라고 말하는 듯했다. 나는 아이 귀에 대고 금방 잘 끝날 거라고 위로도 하고, 간절히 소리내어 기도했다. 그러나 나의 바람과 기도는 이뤄지지 않았다. 간호사들은 최첨단 적외선 기계까지 동원했지만, 끝내 아이 혈관에 정확히 바늘을 꽂는 일은 실패했다. 그것도 세 번이나.

눈치 백 단인 나는 간호사의 떨리는 손을 보았다. 충분히 경험 많은 간호사들이었지만 10개월 된 내 딸아이의 혈관을 찾기에는 역부족임을 직감했다. 명색에 목회자인 나는 어딜 가나 점잖은 편이었지만 10개월 된 아픈 아이 아빠로서는 그럴 여유가 없었다. 단호하고 조금은 격앙된 목소리로 말했다.

"경험이 더 많은 간호사 선생님 불러주세요."

아이와 사투를 벌이던 간호사는 오히려 다행이라는 느낌을 비추며 물러갔고, 인상이 한없이 좋아 보이는, 경험 깡패라고 느낄 정도의 베테랑 간호사 선생님이 오셨다. 마음은 누그러졌고, 이제 뭔가 됐다 싶었다. 하지만 베테랑 간호사마저도 실패. 그렇게 무지막지한 주삿바늘에 아이는 수차례 찔렸고, 아이의 팔은 더는 찌를 곳이 없을 만큼 온통 시퍼렇게 부어있었다. 간호사들도 지쳤고, 부모도 지쳤고, 아이도 지쳤다.

"아이의 상태가 너무 안 좋아요."
"계속하다가는 탈진할 것 같아요. 오늘은 그만하고 내일 아침에 한 번 더 시도해 보죠."

울다 지쳐 잠든 아이를 안고 입원실로 갔다. 침대에 아이를 눕히고 아내와 나는 무거운 마음으로 아이를 한참이나 쳐다봤다. 아이가 깰까 싶어 캄캄한 어둠 속에서 우리 부부는 나지막한 목소리로 짧은 대화만 나눌 뿐. 그렇게 밤은 깊어져 갔다. 아이는 밤새 자다 울다를 반복했다. 아내는 자리에 누워 잠시 눈을 붙이기도 했지만 거의 뜬 눈으로 아이 곁을 지켰다. 입원실 바닥에 누운 나도 도무지 잠을 이룰 수 없었다. 혈관을 찾으려 온몸으로 아이를 붙들고 있던 내게 보낸 아이의 눈빛이 뇌리를 떠나지 않았다. 무거운 걱정, 근심의 마음은 점차 하나님을 향한 원망과 불평으로 바뀌었다.

'내가 얼마나 간절히 기도했는데…'

처음으로 생각했다.

'아, 사람들이 이래서 시험에 드는구나!'

그날 밤 온갖 생각이 다 들었고, '믿음'이라는 말로 포장된 '간절히 기도하면 낫는다'라는 위로가 얼마나 위험하고, 사람을 무너지게 할 수 있는 말인지, 결코 함부로 내뱉어서는 안 되는 말이라는 걸 알았다. 늘상 기도해 주던 처지에서 기도가 필요한 입장이 되어보니 '믿음의 기도', '간절히 기도하면 낫는다'라는 식의 말은 위로의 말이 아니라 시험들기 딱 좋은 말이었다. 태어나서 온 맘을 다해 기도한 때가 또 언제였나 싶을 만큼 나는 아이를 위해서 간절히 간절히 기도했다. 주사실에 가득 차 있던 간호사들 앞에서도 낯 뜨거움 정도는 무시할 만큼 "예수님, 하나님" 운운하며 소리내어 간절히 간절히 기도했건만.

'불만, 원망, 불신, 분노…'

그날 밤 주님을 향한 내 솔직한 심정이었다. 하지만 이 부정적인 감정에 나 자신을 밤새도록 방치해두는 건 멍청한 짓인 줄 스스로 알았다. 어떻게든 마음을 다잡으려 발버둥쳤다. 때마침 나는 성도들과 기도 거장들의 책을 읽으며 기도를 배우고 훈련하는 "기도읽기"모임을 인도하고 있었는데, 모임 중에 읽었던 인생 최고의 가장 완벽한 예수님의 기도가 떠올랐다.

"이 잔을 내게서 옮기시옵소서. 그러나 나의 원대로 마시옵고, 아버지의 원대로 하옵소서."

'이 기도가 지금 나와 무슨 상관인가?' 아빠인 내가 딸이 씻은 듯 낫는 것을 바란 것도 아니고, 간호사들이 아이 혈관 잘 찾아 링거 맞고, 잘 회복할 수 있도록 기도한 것뿐인데. 언뜻 생각해도 예수님의 완벽한 기도와 내 상황은 아무런 연관성이 없었다.

그런데도 내 마음 한편에는 예수님의 완벽한 기도가 떠오를 뿐 아니라 내 입술로 고백해야 한다는 마음이 나를 강하게 잡아끌었다. 예수님의 기도를 안 하고는 절대로 배기지 못할 것 같았다. 미치도록.

하는 수 없이 나는 하나님께 두손 두발 다 들었다.

"하나님 아버지"
"내일, 아이의 혈관에 정확히 링거 주삿바늘을 꽂아 치료 잘 받게 해주세요."
"그러나 나의 원대로 마시고, 아버지의 뜻대로 하옵소서."
"내일, 아이의 혈관에 주삿바늘을 꽂아 치료받지 못한다고 해도 주님께서 어떻게든 책임지실 줄 믿습니다."
"혹 그리 아니하실지라도…."

마지막 의지와 힘을 다해 예수님의 기도로 힘겹게 기도했다. 주님께 아이를 맡겨드렸다.

문득, 감히 비교할 수 없지만 아브라함이 아들 이삭을 주님께 바친 믿음이 이런 것이었겠구나 싶었다. 아브라함이 아들 이삭을 드린 사건이 예전과는 조금 달리 느껴졌다. 기도를 드리고 나자 놀랍게도 내 마음 깊이 평안함이 밀려왔다.

다음 날 아침, 한 번 더 시도해 보자고 주사실로 오라는 전화를 받고 내려갔다. 아이는 많이 지친 상태였다. 아이의 저항은 여전했지만, 저항의 정도는 훨씬 약했다. 나는 또다시 아이를 온몸으로 붙잡았고, 베테랑 간호사 선생님은 신중의 신중을 기해 주삿바늘을 찔렀다. 결과는 실패. 이미 퉁퉁 부은 아이 팔에 시커먼 멍 자국만 더했다. 여섯 번째 시도도 실패였다.

간호사 선생님은 마지막으로 물었다.
"한 번 더 시도할까요? 아니면 그만할까요?"
힘들어하는 아이를 보니 마음이 아렸다. 순간 그만할까? 생각했으나 그것은 마치 아이를 포기하는 것만 같아 그만할 수도 없는 노릇이었다. 옆에 있던 아내도 섣불리 뭐라 대답하지 못했다. 나는 간밤에 드렸던 기도를 다시 떠올리며, 심호흡을 크게 한 뒤 말했다.

"한 번만 더 해봐 주세요."

간호사 선생님은 아이 손을 부드럽게 어루만지고 있었다. 그러다 내 요청을 듣자마자 심호흡을 크게 하고서 가녀린 아이 손목에 바늘을 찔렀다. 아침이라 그랬을까? 그날 아침 링거바늘은 훨씬 더 크고 두꺼워 보였다.

...

...

...

"아 됐어요!"

간호사 선생님들은 부모인 우리보다 더 기뻐했다. 무려 일곱 번의 시도 끝에 성공했다. 아내와 나는 가슴을 쓸어내렸다. 그제야 제대로 된 치료가 시작되는 것이었음에도 마치 아이가 완치된 듯 우리 부부는 기뻐했다. 간호사 선생님께 감사의 마음을 전했다. 그렇게 본격적으로 치료를 시작해 일주일 입원 치료 후 퇴원했다.

우리는 살면서 크고 작은 어려움을 만난다. 아무리 조심하고 주의를 기울여도 반드시 만난다. 그럴 때면 아무리 믿음이 크고 대단한 사람이라도 당장에는 아프고 고통스럽다. 그 아픔과 고통에 우리 자신도 모르는 사이 마음에는 근심이 자리잡는다. 그러나 믿음의 사람은 달라야 하지 않을까? 그 근심을 한 번에 사라지게 할 수는 없어도, 적어도 그 근심을 힘써 "하나님의 뜻대로" 근심하는 분투가 필요한 듯하다.

하나님은 하나님의 뜻대로 하는 우리의 근심을 내버려두지 않으신다. 하나님의 뜻대로 하는 근심이 절대 쉬운 것은 아니지만, 분명 우리의 뜻대로 하는 근심보다는 훨씬 더 나은 것에 틀림없으니!

> 하나님의 뜻대로 하는 근심은 후회할 것이 없는 구원에 이르게 하는 회개를 이루는 것이요 세상 근심은 사망을 이루는 것이니라(고린도후서 7:10, 개역개정).

엄마 아빠는 왜 선교사가 됐어?

누나와 매형은 선교사다. 이전에는 중국 우루무치에 있었고, 지금은 튀르키예 수도인 앙카라에 있다. 선교지가 갑작스레 옮겨진 것은 몇 년 전에 중국 당국이 중국 내 선교사들을 작정하고 모조리 추방했기 때문이다.

선교사 가정이 한국에 들어왔을 때 가장 큰 문제는 지낼 집이 마땅치 않다는 거다. 선교사들에게 고국은 언제나 잠깐 머물다 가는 곳이니 지낼 거처를 급하게 찾기란 여간 어려운 일이 아니다. 부모님이 큰 집을 갖고 있다면 부모님 댁에 잠시 신세를 질 수는 있겠지만 온 가족이 움직이니 그러기도 쉽지 않다. 누나 가정도 마찬가지였다. 그래서 대부분의 선교사 가정처럼 기관이나 교회가 제공하는 게스트하우스를 찾아 전전긍긍했다. 정말 운이 좋으면 드물게 한 달 정도 머물러 지내기도 하지만 대부분은 한 주씩 게스트하우스를 계속해서 옮겨 다녀야 한다. 사실 그마저도 구하기 쉽지 않다.

누나 가정은 평생 선교할 마음으로 중국 우루무치에 자리를 잡았다. 그러나 갑작스러운 추방에 누나 가정은 무척이나 혼란스러웠다. 다음 사역지를 기도로 정하는 일도 쉽지 않았지만, 당장 지낼 거처를 찾지 못해 힘들어했다. 코로나19라는 특별한 상황은 이 고충을 더 가중시켰다. 체류 기간이 길어졌고, 해외에서 선교하시는 선교사님들은 한꺼번에 국내로 강제소환되는 바람에 안 그래도 구하기 쉽지 않은 게스트하우스 구하기가 하늘의 별 따기만큼 어려웠다. 겨우 구했어도 오래 머물 수 없었고 늘 노심초사했다. 짐도 문제였다. 짐을 아무리 줄여도 룰루랄라 들고 다닐만한 짐은 아니었다. 두 조카가 중학생, 초등학교 고학년이 되면서 짐을 아무리 줄여도 한계가 있었다.

한국에 머물러야 하는 시간이 생각보다 길어지면서 매형은 중고차를 한 대 뽑았다. 아무래도 식구가 네 명이다 보니 대중교통을 이용하는 것보다 비용이 적게 들고, 짐도 편하게 실을 수 있기 때문이었다. 매형은 이백만 원으로 차를 샀다. 딱 봐도 오늘내일하는 차였다. 연식이 오래된 만큼 엔진 소리도 시원치 않았다. 그런데도 누나와 매형, 조카 둘은 너무나도 만족하며 이곳저곳을 잘도 다녔다.

하나밖에 없는 동생이지만 목회자인 나도 교회에서 얻어준 20평 남짓한 좁은 사택에 살던 터라 누나 가정이 한국에 머무는 동안 시원하게 우리집에 와서 지내란 말을 하지 못했다. 오갈 데 없는 거 뻔히 알면서도 우리집으로 오라는 말을 하지 못하니 늘 미안했다. 누나도 동생인 내게 괜히 부담 주기 싫은 눈치였다. 한 번도 내게 부탁한 적이 없었지만, 이래도 저래도 방법이 없던 때, 딱 한 번 누나는 내게 하룻밤만 신세를 지자고 했다. 아내 눈치가 보였지만 다행히 아내의 허락하에, 이날 만큼은 우리 집이 누나 가정의 게스트하우스가 되었다. 좁아도 왁자지껄 좋았다. 조금 불편한 것은 있었지만 모두 하룻밤을 무사히 보냈다.

다음 날, 나는 일찍이 출근해야 했고, 아내도 둘째를 임신한 무거운 몸으로 첫째를 등원시켜야 해서 아침부터 분주했다. 이른 아침이었고, 미안한 마음 가득했지만 하는 수 없이 누나 가정을 속히 다음 숙소로 밀쳐 보내야만 했다. 누나와 매형, 그리고 조카 둘은 부지런히 짐을 정리해 주차장으로 나왔다. 거주할 집이 마땅치 않아 보따리장수처럼 이곳저곳 옮겨 다니며 살아야 하는 신세인데도 조카 둘은 마냥 즐거웠다. 각자의 짐을 어깨에 짊어진 찬민이와 가민이는 하하 호호하며 자기네 짐을 들고, 오늘내일하는 차의 트렁크를 열어젖혔다.

이미 짐이 한가득하였다. 내 눈엔 더는 짐이 들어갈 수 없을 정도로 빼곡해 보였다. 그런데도 조카 둘은 너무나도 익숙한 듯 짐 사이사이에 자신들의 짐을 나누어 싣는 게 아닌가. 조카들의 행동에서 한두 번 해본 솜씨가 아니란 걸 쉽사리 알 수 있었다. 너무나도 경험이 많아 숙련돼 보이기까지 했다.

그 모습을 보는 순간, 갑자기 둘째 조카가 누나에게 물은 질문이 떠올라 나도 모르게 울컥했다.

"엄마 아빠는 왜 선교사가 됐어?"

아이들이 처음으로 누나에게 던진 질문이었다. 이전에 한 번도 묻지 않았었는데 나그네처럼 지낼 곳 없이 이곳저곳 옮겨 다니는 일이 제딴에도 힘들었던 모양이다. 한국에서 지내는 동안 가장 큰 어려움은 아이들의 학교 문제였다. 불행 중 다행히 코로나19로 체류 기간이 늘어나면서 첫째 찬민이는 대안학교에 다니게 됐고, 둘째 가민이는 선교사 자녀를 받아주는 중앙기독초등학교에 다녔다. 매번 10명도 채 안 되는 대안학교를 전전긍긍하다 모처럼 학교다운 학교에 다니게 된 가민이는 학교생활에 매우 만족해했다. 사춘기에 접어든 만큼 이곳저곳 집 없이 떠돌이로 사는 생활을 그만하고 싶었던 것 같다. 다른 친구들처럼 한곳에 정착해 좋은 학교도 다니고, 안정되게 살고 싶은 인간의 기본욕구인 안정 욕구가 발동한 것이다.

중학교 2학년, 초등학교 5학년밖에 안 된 두 조카가 스스로 짐을 척척 쌓는 모습에 괜스레 코끝이 찡했다. 부모가 선교사지 두 조카는 선교사가 아니었다. 내가 목회자만 아니었다면, 돈이라도 많았다면, 두 아이가 한국에서 다른 일반적인 가정의 자녀들처럼 안정되게 생활하도록 지원하고 싶은 마음이 굴뚝같았다. 그러나 해줄 수 있는 게 아무것도 없었다. 꼭 안아주는 수밖에. 그렇게 짐보따리를 한가득 실은 차가 눈에서 사라질 때까지 한참을 서서 바라봤다.

어디 선교사 가정만 보따리장수겠는가. 이 땅에서 천년만년 살 것처럼 모으고, 내 집 마련이 목표인 우리 모두도 마찬가지다. 이 세상에 잠깐 살다 곧 영원한 세상에 가야 할 우리 아니던가. 그런데도 어쩜 그리 어리석게도 부자가 되려고 애쓰는지, 아등바등 안정을 추구하는지. 너무나도 익숙하게 자신의 짐보따리를 차에 싣는 어린 두 조카의 모습에 회개가 절로 나왔다.

나는 이미 너무 많은 것을 갖고 있었다. 주님을 위해, 하나님 나라를 위해 살겠노라 목회자가 되었지만, 교회가 제공하는 아파트 사택과 매달 나오는 사례비에 안정감을 느끼고 있었다. 나도 모르게 안정적인 생활에 만족하며, 점점 더 안정을 갈구하고 있던 나 자신을 발견했다. 한없이 부끄럽고, 하나님께 죄송했다.

길어야 백 년이다. 우리는 모두 다 길 떠나는 나그네 인생일 뿐이다. 주님이 다시 오시든, 우리가 먼저 주님께로 가든 곧 마지막 날이 가까이 오고 있다. 확실한 것은, 오늘이 내 인생 가운데 그날에 가장 가까운 날이다.

기대가 되면서도 두렵다.
그날에 "잘하였도다! 착하고 충성된 종아"라는 말을 들을 수 있을까?

하루하루 소중히 여기며 최선을 다해 살아야지.
즐거워하는 자들과 함께 즐거워하고 우는 자들과 함께 울어야지.
한없이 일이 잘 풀리고 기쁜 날에도,
겸손히 감사하고 주변을 살펴야지.
한없이 일이 꼬이고 뜻대로 되지 않는 날에도,

딱 하루만 낙심하고 툭툭 털고 일어나야지.

또다시, 눈을 들어 하늘을 봐야지.

사랑하는 여러분, 나는 나그네와 거류민 같은 여러분에게 권합
니다. 영혼을 거슬러 싸우는 육체적 정욕을 멀리하십시오. (베드로
전서 2:11, 새 번역)

스물다섯 번째 이야기_

잘하고 계십니다!
응원합니다!

젊은 목회자인 내게 스무 명도 채 안 되는 시골교회 담임 목사로 사는 일은 고되다. 육체적으로나 심적으로나. 넉넉하지 않은 재정 탓에 한 푼이라도 아끼려면 할 수 있는 대로 몸으로 때워야 한다. 페인트칠, 방충망 교체, 실리콘 쏘기, 야외 스피커 설치, 창고조립, 사택 초인종 설치 등…

이 일들은 이곳에서 난생처음 해본 일이다. 설명서를 꼼꼼히 읽고 관련 자료를 찾아본 뒤에야 겨우 할 수 있었다. 당연히 시간과 에너지가 많이 들었다. 이분만이 아니다. 하루가 멀다고 올라오는 잡초를 뽑는 일, 성도 대부분이 어른들이시라 예배당 청소하는 일은 전적으로 내 몫이다. 몸이 힘든 건 그나마 형편이 낫다. 정말 내게 힘든 것은 심적인 부분이다. 아무리 열심히 기도하고, 애를 써도 좀처럼 새로 등록하는 성도가 없다. 설교를 잘 준비해도 연로하신 성도님들 몇몇 분은 '그게 나와 무슨 상관인데?' 하시는 눈빛을 보이시고, 아예 눈을 감고 계신다. 이러한 시간이 쌓일수록 모든 게 나의 부족함과 무능함 탓인 것처럼 느껴진다. 어쩌면 내가 목사직을 그만두는 것이 하나님과 교회, 그리고 이곳 성도들을 위해서 맞는 게 아닐까 싶은 생각에 괴로워하기도 한다.

이렇게 몸과 마음이 괴로운, 특별히 더 괴로웠던 어느 날. 한 통의 전화가 걸려왔다. 이곳에 막 부임했을 때 주일예배에서 몇 번 뵈었던 권사님이셨다. 권사님은 자신의 친정어머니 임종이 얼마 안 남았노라 말씀하시면서 장례를 내게 부탁하고 싶다 하셨다.

'제가 왜요? 왜 제가 굳이.'

처음 내 속내는 거절로 기울었다. 내 몸도 마음도 힘겨운 날이었고, 따지고 보면 권사님과 권사님의 어머니는 우리 교회 성도가 아니었기 때문이다. 두 분은 현재 인천에 살고 계셔서 자주 뵐 수도 없을뿐더러 나는 권사님의 어머니(내가 부임하기 전에 1년 정도 출석하셨음)를 뵌 적이 한 번도 없었다. 권사님만 몇 번 뵈었을 뿐이었다. 거절할 이유는 아주 많았다.

그러나 어쩌겠나? 명색이 목사인데. 거절할 수 없었다. 친절하게 그렇게 하겠노라 대답했다. 알고 보니 권사님의 어머니는 1년 전에 셋째 따님이 자주 들러볼 수 있는 이곳 평택 어느 요양원으로 옮기신 상태였다. 우리 교회와 매우 가까운 곳이었다. 나는 기회가 되면 돌아가시기 전에라도 요양원을 방문해 기도해 드리고 싶다고 했다. 마음은 'NO'였지만 머리와 입술은 이미 "YES"였다.

다음날, 권사님께 다시 연락이 왔다. 하루라도 속히 요양원에 계신 친정어머니를 방문해 기도해 주시면 좋겠다고. 요양원은, 한 번도 뵌 적 없고 예수님도 믿지 않는 셋째 동생과 동행하여 코로나 검사를 마친 뒤 방문할 수 있다고 했다. 기쁘지만은 않은 마음으로 날짜를 잡았고, 약속한 당일이 되었다.

당일 새벽 4시 30분에 일어나 설교를 준비하다 기쁘지만은 않은 내 마음을 말씀으로 다잡게 됐다. 그날 새벽 본문 말씀은 슬로브핫 딸들의 이야기였다. 죽은 아버지에게 아들이 없다는 이유로 땅(기업)을 받지 못하는 것은 불공평하다는 항의를 슬로브핫의 딸들이 하나님과 모세 앞에 쏟아냈다. 하나님은 슬로브핫 딸들의 요구가 정당하다고 인정하셨고, 그녀들에게 아버지의 땅을 주라고 명령하셨다. 모든 것이 아름답게 마쳐지는가 했지만, 슬로브핫의 자손들, 즉 길르앗 자손들이 또다시 문제를 제기한다. 슬로브핫의 딸들이 결혼을 하게 되면, 슬로브핫 딸들의 땅이 남편에게 예속되어 궁극적으로는 길르앗 지파인 자신들의 기업이 줄어들게 된다는 것이었다. 그들의 문제제기를 하나님은 또다시 인정해 주시며, 해결책으로 슬로브핫의 딸들이 길르앗 집안의 남자를 남편으로 삼으라 하셨다. 슬로브핫 딸들의 입장에서 억울할 수 있었다. 그러나 군소리하지 않고, 모두가 사촌 오라버니들과 결혼을 한다. 개인의 입장보다는 하나님 나라를 생각하고, 이스라엘 공동체와 길르앗 지파를 생각한 결정이었다.

이 말씀을 묵상하는데, 스스로가 너무나 개교회주의에 빠져 있음을 깨닫게 됐다. 내 교회, 내 성도만 생각하려는 이기주의. 사실 교회들은 서로 경쟁업체가 아니지 않은가! 예수님을 머리로 한 주님의 몸들이다. 아차 싶었다. 내 성도가 아니라는 이유로 권사님의 장례 요청에, 친정어머니 심방 요청에 불편한 마음을 가졌던 나 자신이 부끄러웠다. 새벽예배를 드리고 기도하면서 하나님 앞에 부끄러운 죄를 자백했고,

기쁨으로 주님의 백성을 위해 찾아가 위로하고, 섬기겠노라 마음을 먹었다.

'기꺼이 내 돈 주고 산' 검사키트로 코로나 검사를 하고, 기꺼이 한 번도 뵌 적 없는 셋째 따님(권사님의 셋째 동생)과 만나 요양원을 방문했다. 또 기꺼이 처음 뵙는 어르신 손을 붙잡고, 눈을 마주치며, 마음 다해 찬양도 불러드리고, 기도도 해드렸다. 열심히 복음을 나눴고, 예수님을 꼭 붙잡으시라 권면드렸다. 기도를 마쳤을 때, 셋째 따님은 울며, 자신의 볼을 어머니의 볼에 비비고, 어루만졌다.

"엄마 사랑해."
"엄마 미안해, 건강하실 때는 한 번도 사랑한다고 못 했네."
"엄마 사랑해."
"아들과 며느리는 와보지도 않네."

누워계신 어머님도 눈물을 흘리셨다. 뭔가 사연이 있는 듯했다. 그렇게 시간이 지나자 누워계신 어머니는 체력이 다하셨는지 잠이 드셨다. 그제야 셋째 따님과 함께 요양원을 나섰고, 우리는 간단히 인사를 나누고 헤어졌다.

주차된 차를 타고 도로를 나서니, 저 멀리에 셋째 따님이 아무 일도 없었다는 듯이 본인의 길을 가시는 게 눈에 들어왔다. 셋째 따님의 눈물을 보았기에, 그 슬픔을 공유했기에, 아무 일 없다는 듯 본인의 길을 가시는 그 뒷모습에 왠지 모를 짠한 마음을 느꼈다.

'힘드실 텐데…'
'연로한 엄마를 두고 요양원을 나선 그 발걸음이 얼마나 무겁고
속상할까.'

무겁고 속상한 마음을 뒤로 한 채 힘겨운 걸음을 일으켜 기어코
살아내려는 그 뒷모습이 경이롭기까지 했다. 집으로 돌아온 뒤에도, 글
을 쓰고 있는 이 순간에도 그 뒷모습의 잔상이 눈에 아른거린다.

비단 이 셋째 따님뿐이겠는가? 우리 모두의 인생은 슬프고, 아
프고, 고단하기만 하다. 그러나 살아내야 한다. 그래야 사는 것이기 때
문이다. 그래서 안쓰럽고, 위로가 필요하고, 위로해야 한다.

얼마 전, 교회 집사님 한 분이 내게 이실직고 했다. 예전에는 목
사에 대해 '시간 많아서 좋겠다' 생각했단다. 그러나 이제 "매주 설교하
고, 목회하는 게 진짜 어려우시겠다, 이제 목사라는 직이 달리 보인다"
라고 내게 말씀하셨다. 나는 둘 다 맞는 얘기라고 했다. 시간도 많지만,
쉽지 않은 게 목사의 삶이라고.

몇 년 전 교회사역으로 한참 바쁘고 분주할 때 똑같은 꿈을 반복
해서 꾼 적이 있다. 꿈에 나는 강단에 설교하러 올라갔었다. 그런데 아

뿔싸! 준비한 원고가 없는 게 아닌가. 바지를 안 입고 올라간 때도 있었다. 꿈이었는데도 너무나 아찔했다. 강단에 오르는 부담감, 늘 준비가 부족하다는 마음에 스트레스가 심했던 것 같다.

다른 이들의 삶처럼 목사로 사는 삶도 고되고 힘들기는 마찬가지다. 그리 편하지만은 않다. 하루에도 몇 번씩 목사직을 내려놓을 상상을 하기도 하고, 뉴스에 목사 비리, 성추문 소식이 들릴 때면 나 스스로에게 환멸감을 느끼기도 한다.

목사도 위로가 필요하다.
위로받고 싶고, 격려받고 싶다.
.

.

인생을 사는 누구나 힘겹다. 이 사실을 잘 알고 있다.
그래서 스스로 겨우 버티고 있으면서도 동시에 누군가를 응원하고 싶고, 위로하고 싶다.

"잘하고 계십니다! 응원합니다!"

작지만 단단한 이야기 5

교회 개척을 꿈꾸는 젊은 목회자가 있다면, 그들에게 간절히 주고 싶은 메시지가 있을까요?

박경일 목사_

"저는 사실 개척을 하려고 했으나 개척은 못했고요. 개척하는 마음으로 시골교회로 부임했습니다. 그래서 교회 개척을 꿈꾸는 젊은 목회자들에게 뭐라 말할 자격은 없는 것 같아요 (웃음).

다만, 현실은 현실이니 재정적인 부분을 최대한 잘 준비하시고, 어떤 교회를 꿈꾸는지 나름의 교회론을 잘 갖는 게 중요할 것 같습니다. 아, 전도에 대해 공부하고, 전도 현장의 경험을 쌓으며 훈련한다면, 개척에 큰 도움이 되지 않을까 싶습니다.

개척의 관건은 일단 사람이 모이는 거니까요."

part 6

행복한 붕어빵

스물여섯 번째 이야기_

은밀하고 교묘한 유혹

담임 목사로 지금의 교회에 부임한 지 만 이 년, 햇수로 삼 년째
다. 지금도 목회가 쉽지 않지만 지나온 시간 역시 절대 만만치가 않았
다. 작년 이맘때 블로그에 썼던 글이다.

내 나이 올해 마흔둘.
중대형교회에서 부교역자로 일하다 미조직교회의 담임으로 목회를
시작한 지 어느덧 일 년.

예배당(교회)은 신도시에서 5km 떨어진 면 소재 마을 맨 구석 자리에
있다.
나름 주님 주시는 마음에 순종하여 이곳에 왔다.
현재 우리 가족 빼고 10명의 성도님이 출석 중이시다.

이곳에서의 목회가 쉽지 않을 것이라 예상했지만,
생각했던 것보다 훨씬 더 어렵다.
무엇보다 마음을 어렵게 하는 것은, 사람이 없다는 거.

홈페이지를 만들면 올까?
유튜브로 설교와 예배를 송출하면 사람들이 올까?
어설프지만 홈페이지를 만들었고, 유튜브로 예배와 설교 영상을 송
출했다.
그러나 여전히 아무도 오지 않는다.

개인사업을 하는 것도 아니니
사람들이 많이 오고, 숫자가 많아지기를 바라지 않는다.
하지만 사람이 있어야…

수평 이동을 원하는 것은 절대 절대 아니지만,
사람들이 수평 이동이라도 해서 왔으면 하는 게 솔직한 마음이다.
사람 없는 것은 우리 교회뿐이 아님을 잘 안다.
중대형교회보다 성도들이 20명도 채 안 되는 교회들이 훨씬 더 많
다는 사실을.

왜 사람들은 큰 교회를 선호할까?

조금만 생각해도 이유는 많다. 더 나은 시설, 교제할 수 있는 더 많
은 사람, 부담 없는 신앙생활, 검증된 목회자(많이 모이는 이유가 있
다?)….

미조직교회 목회자로서
누군가에게 우리 교회에 오시라고 할만한 이유는 뭐가 있을까?

- 22년 8월 19일(금) -

　　나 스스로 선택한 일이었으나 좀처럼 나아질 것 같지 않은 현실
에 절망하며 적었던 글이다. 이로부터 딱 2주 뒤인 22년 9월 2일 금요
일 정오쯤에 그토록 기다리고 기다리던 사람이 교회를 찾아왔다. 인상
좋은 두 여성분이 교회 마당에서 두리번거렸다. 두 분은 날 보더니 교회
가 너무 예쁜데, 혹시 예배당에서 잠시 기도할 수 있는지 물었고, 나는
기꺼이 그렇게 하시라고 예배당으로 안내했다.

　　잠시 후 두 분은 기도를 끝내고 사무실 문을 빼꼼히 여시더니 내

게 감사 인사를 했다. 얼마 만에 보는 새 얼굴인가. 나는 그냥 돌려보낼 수 없었다. 커피라도 한잔하고 가시라고 말했고, 커피를 대접했다.

"목사님, 인상이 참 좋으시네요"
"저도 압니다."

너스레를 떨며 어색한 분위기를 풀었다.

"혹시 교회 다니세요? 어느 교회 다니세요?"
"생각하시는 바예요."

"...?"
"저는 아무 생각하는 바가 없는데요."

"저희는 신천지예요."

내가 그토록 기도하며 학수고대하던 중 만난 새 얼굴은 신천지 신도였다. 말로만 듣던 신천지를 직접 마주하게 될 줄이야. 갑자기 짜증 이 밀려왔다. 하지만 어쩔 도리가 없었다. 저들은 내가 목사라는 것을 이미 알았고, 친절히 커피도 내놓았으니 어쩌랴. 불편한 우리의 만남은 계속되었고, 대화는 이어졌다.

두 신천지 신도는 자신들이 왜 신천지에 갈 수밖에 없었는지 이유를 말해주었다. 두 사람은 모두 중대형 크기의 기성교회에서 신앙생활을 했었고, 하나님을 알고 싶은 마음과 영적 목마름이 컸다고 했다. 그런 그들의 갈증은 예배의 설교로는 쉽사리 채워지지 않았고, 급기야 심방해주시는 목사님들께 성경 공부를 요청했다고 했다. 하지만 그때마다 목사님들은 가르쳐 주겠다고 말만 했지, 아무도 성경을 가르쳐주지 않았단다. 목사님들이 장례에, 설교에, 심방에, 차량 운행에, 이런저런 교회 일들로 바쁜 것을 본인들도 뻔히 알았기 때문에 더는 부탁할 수도 없었다고 했다. 그렇게 결국 그들은 신천지 신도가 되었다.

그들은 하나의 이야기를 덧붙였다. 자신들은 방금 어느 목사님을 만나고 오는 길인데 그 목사님은 자신들이 신천지인 것을 알면서도 만나자고 했다는 거다. 그 목사님은 두 사람에게 성경을 제대로 가르쳐주겠다 하며 부탁하시길, 자신들이 신천지라는 것을 밝히지 말고 본인 교회에 와서 찬양 인도도 하고, 열심을 내서 교회의 분위기를 좀 바꿔달라고 했단다. 신천지 신도들이 비록 진리를 잘못 이해하는 부분은 있지만, 헌신하며 열심을 다하는 부분이 있으니 그 비법을 자신에게 알려주고, 교회가 부흥하도록 도와달라고 했다는 거다.

교묘하고 은밀한 유혹이었다.
두 신천지 신도는 내게 동정심을 유발했고, 교회 성도 숫자가 많아지길 기대하는 나의 욕구를 이용해 교묘한 말로 나를 미혹했다. 나는

미자립교회 목사로서 그들이 만나고 왔다는 목사가 한편으로는 이해가
됐다. 하지만 아무리 그래도 그렇지. 그들이 만나고 왔다는 그 목사는
내게 그저 정신 나간 사람으로밖에 여겨지지 않았다(신천지 두 신도가
날 미혹하려고 만들어낸 얘기라고 믿지만, 있을 법한 얘기다).

　　나는 두 신천지 신도에게 차분히 대답했다. 내가 목회자의 대표
는 아니지만, 목회자 중 한 사람으로서 교회가 성도들의 영적 목마름을
채우지 못한 부분도 있음을 인정했고, 사과를 표하며 안타까운 마음을
전했다. 그리고 그들에게 말해줬다. 작은 교회 목사로 성도가 한 사람이
라도 더 있으면 하는 바람은 분명 내게도 있다고. 하지만 두 사람이 말
한 방식으로 할 생각은 추호도 없음을 전했다. 나는 앞으로도 정직하게
목회할 것이고, 혹 우리 교회가 사람이 없어 문을 닫아야 한다면 차라리
닫겠다고 말해줬다.

　　신천지 두 신도는 말끝마다 부흥 부흥했는데, 그 소리가 귀에 거
슬렸다. 그래서 부흥은 단지 숫자가 느는 것이 아니라 하나님이 기뻐하
시는 건강한 교회가 되는 게 진짜 부흥이라고 전했다. 그러고 나서 신천
지가 왜 잘못된 것인지 짧게 얘기하고, 대화를 곧 끝냈다. "이단에 속한
사람을 한두 번 훈계한 후에 멀리하라"(디도서 3:10)라는 말씀이 생각
났기 때문이다. 두 신천지 신도가 또 와도 되냐고 말하길래, 신천지 버
리고 오면 받아주지만 그렇지 않을 거라면 다시는 오지 말라고 단호하
게 말했다.

사실 신천지 두 신도의 은밀하고도 교묘한 유혹은 내게 한 줌의 미혹 거리도 안 됐다. 하지만 이들에게 내 속마음을 완전히 들킨 것만 같았다. 블로그에 쓴 글을 다시 읽어보니, 당시의 절망스럽고 막막했던 마음이 고스란히 기억난다. 지금은 당시보다 마음이 조금 더 단단해지기는 했지만, 변하지 않은 상황은 마찬가지다.

나를 사랑하고 걱정해 주시는 분들은 나를 만나면 항상 안부를 묻는다.

"요즘 교회는 어때요?"

"뭐, 똑같죠."

멋쩍은 미소를 지으며 대답하지만, 그때마다 나아지지 않는 상황에 조바심이 난다. 조바심이 나면 나도 모르게 스멀스멀 올라오는 어둠의 기운에 숨이 막히고, 그렇게 별별 인간적 욕망이 내 속에 꿈틀댄다.

그러나 그릇된 욕심에 일을 망치고 싶지 않다.

이내 스스로에게 소리친다.

"정신~ 차렷!"

스물일곱 번째 이야기_

1초의 망설임도 없이

요즘 나는 하나님께 죽기 살기로 기도하고 있다. 사랑하는 우리 교회 젊은 집사님 부부에게 자녀를 달라고 간절히 구하는 중이다.

두 집사님은 내가 이곳에 처음 왔을 때, 유일한 젊은 부부였다. 나의 마음은 자연스레 두 분에게로 향했다(아무래도 동년배다 보니). 그러나 두 분은 나의 기대와 달리 매 주일 만나기도 힘들었다. 한 달의 절반은 개인적인 일정으로 예배에 빠졌다. 여 집사님은 우리 교회 은퇴 안수집 사님 딸이었지만 성경 일독도 한 번 해보지 못한 사람이었고, 남 집사님은 교회에 나오는 조건으로 결혼을 한 까닭에 교회만 5년 동안 왔다 갔다 한 상황이었다(본인들의 고백).

두 분은 매번 멀리 사시는 아버님(장인어른)을 차로 모시고 함께 교회를 오갔는데, 아버님은 야간 경비원으로 밤새 잠 한잠 안 주무시고 예배에 참석하셨다. 상황이 이렇다 보니 두 분은 예배를 마치기가 무섭게 피곤한 아버님을 댁으로 모셔다드려야만 했다(코로나로 교회 식사도 없었음). 그래서 부임하고도 두 분과는 인사만 할 뿐 얼굴을 마주하고 진중한 대화를 나눠본 적이 없었다.

그러다 기회를 잡았다. 아버님이 직장 근무로 한 달에 한 번은 주일예배에 참석하지 못하셨는데, 그때가 유일하게 두 사람이 교회에 조금 더 머물 수 있는 시간이었다. 나는 두 사람에게 한 달에 한 번만이라도 예배 후에 시간을 내어 교제하자고 요청했고, 부부는 승낙했다. 그렇게 한 달에 한 번, 우리는 호흡이 조금 긴 대화를 할 수 있게 됐다. 하지만 우리의 대화는 좁은 골목길처럼 거의 '일방통행'이었다. 가끔은 호기심 어린 눈으로 내 얘기를 경청하기도 했지만, 대부분은 힘들어하는 눈치였다. 하지만 나는 포기하지 않고, 완급 조절을 하면서 하나님을 믿으면 얼마나 좋은지, 내가 만난 하나님은 어떤 분이신지 일장연설을 이어갔다.

함께하는 시간이 쌓일수록 언제부터였는지는 정확히 알 수 없으나 조금씩 완고했던 여 집사님의 마음에 균열이 일어났고, 얼마 지나지 않아 남 집사님의 견고한 진도 무너지기 시작했다. 두 분은 약간의 시간 차이를 두고 끝내 예수님을 마음에 주인으로 모시며 하나님의 자녀로서 살기로 결단했다. 나는 기뻤고, 감격했다. 두 분의 변화와 성장은 내게 큰 감동이었다.

그러나 감동도 잠시, 차츰 불안이 엄습했다. 왜냐하면 두 사람이 아이가 생기지 않아 혹시나 시험에 들지 않을까 싶어서였다. 두 사람은 자녀에 대한 계획이 없다가 차츰 아이를 갖고 싶다는 마음이 생겨 기도하며 노력했지만 좀처럼 임신이 되지 않았고, 시험관 시술에도 임신과 유산을 반복했다. 이런 상황이었기 때문에 두 사람이 걱정되었고, 나는 이 부부에게 아이를 달라고 주구장창 하나님께 애걸복걸했다.

그러던 어느날, 하나님께 약속이라도 받은 양 내 마음을 진동케

한 말씀이 있었다.

> 다음은 아브라함의 아들 이삭의 족보이다. 아브라함이 이삭을 낳았고, 이삭은 마흔 살 때에 리브가와 결혼하였다. 리브가는 밧단아람의 아람 사람인 브두엘의 딸이며, 아람 사람인 라반의 누이이다. 이삭은 자기 아내가 임신하지 못하므로, 아내가 아이를 가지게 해 달라고 주님께 기도하였다. 주님께서 이삭의 기도를 들어 주시니, 그의 아내 리브가가 임신하게 되었다. 창세기 25:19-21, 새 번역

나는 남자 집사님께 그 즉시 문자를 보냈고, 말씀을 붙잡고 함께 기도하자고 했다. 두 분은 두 번의 유산으로 몸과 마음이 지친 때도 있었지만 최선을 다했다. 여자 집사님은 차츰 회복되었고, 하나님과의 관계도 더 깊어졌다. 남자 집사님 역시 이직을 준비하며 잠시 쉬게 되면서 운동도 하고, 13주 동안 제자 양육 과정을 성실히 보내며 그 어느 때보다 하나님께 가까워지고 있었다.

어김없이 두 부부를 위해 기도하는 어느 아침.
그날은 마치 하나님께서 내게 물으시는 것 같았다.

'너 교회의 부흥과 성장을 바라냐? 두 사람에게 자녀 주기를 원하냐?'

나는 1초의 망설임도 없이,

"두 사람에게 자녀를 주세요."

나는 이렇게 대답하고, 다음과 같이 기도했다.

하나님,

제발 부탁드립니다. 아이 주세요.

야곱과 에서를 주세요.

여자 야곱과 에서도 괜찮아요.

무조건 주세요.

이유 불문하고 무조건 주세요.

두 사람 많이 변했고, 주님을 알아가고 있으며,

주님을 점점 더 사랑하고 있어요.

이제 더는 안 돼요.

하나님이 살아계신 분이고,

우리 삶의 구체적으로 역사하시는 분이심을 드러내 주세요.

두 집사님께 아이를 주세요.

우리 공동체에 생명을 주세요.

이것은 두 사람의 기도가 아니라 우리 공동체의 기도예요.

제발… 제발요.

두 사람에게 아이를 주셔서 주님께 영광이 되게 해주세요.

안 주시면 저 화내요.

하나님께 거의 반협박으로 기도했다(두 사람은 잘 몰랐겠지만). 놀랍게도 얼마 뒤 집사님 부부는 임신했고, 그 소식을 내게 가장 먼저 전해 줬다. 두 사람이 얼마나 애를 썼는지 알았던 나는 임신 소식을 듣고 얼마나 기뻤던지. 다른 사람의 일로 그토록 기뻐했던 적은 처음이었다.

그런데 몇 주 후, 여 집사님은 대화 중 증상이 전혀 없다며 불안한 마음을 내비쳤다. 이전 두 번의 겪은 유산 때와 몸의 기운이 너무나 비슷해 이번에도 어렵지 않을까 싶다고 차분히 얘기했다. 그러면서 꾼 꿈도 있는데 말하기가 망설여진다고 했다. 내가 다니엘과 요셉처럼 꿈을 해몽(?) 해주겠다고 너스레를 떨자 그 자리에 있던 모두가 한바탕 웃었고, 여 집사님은 조심스레 입을 열어 꿈 이야기를 해주었다.

"산부인과였어요. 진료를 기다리고 있는데, 제 앞 순번인 산모가 태중에 있는 아이가 혹시 잘못되어 결과가 안 좋으면 어떻게 하나 불안해했어요. 그래서 제가 별일 없을 거라 격려해 줬지요. 다행히 진료받고 나온 산모는 아이가 잘 크고 있다고 환하게 웃었어요. 다음 제 진료 차례가 되어 들어갔는데, 불길한 마음이 들었어요. 아니나 다를까 의사 선생님이 아기가 있기는 한데 상태가 많이 안 좋다고 하더라고요. 꿈에."

여 집사님의 얘기를 듣는데 나의 신학대학원 입시를 코앞에 두고 꿨던 꿈이 생각나 두 부부에게 이야기 해줬다.
"꿈에서 저는 교실에 있었어요. 다른 학생들도 많이 있었죠. 그런데 중고등학교 수업 시간을 떠올려 보면, 한 학생이 대표로 교과서를 읽기도 하지요? 선생님이 저에게 책을 읽으라 시키신 거예요. 그래서 제가 일어나서 책을 읽는데, 너무 못 읽는 거 있죠? 스스로 생각해 봐도 너무 떠듬떠듬 읽었어요. 창피해하며 자리에 앉는데, 옆에 있던 한 친구가 제가 책을 너무 못 읽는다고 흉보는 거 아니겠어요…."

나는 이 꿈을 꿨을 때 떠듬떠듬 책을 읽기는 했지만, 교실이었던 것으로 보아 하나님의 은혜로 합격하지 않을까 기대했는데, 실제로 합격했노라 이야기를 해줬다.

신대원 입시를 준비하면서 4~5살 어린 동생 두 명과 작은 집에서 함께 생활하며 아침부터 저녁까지 도서관에서 같이 공부했다. 우리는 성경 암송 구절 140개를 매일 아침 반복하며 함께 외우곤 했는데, 나는 항상 가장 낮은 점수를 받았다. 분명 내가 더 시간을 들여 열심히 외웠는데, 머리 좋은 두 동생은 잠깐 공부하고도 항상 만점이고 나는 늘 틀리기 일쑤였다. 그 안에서 스트레스를 많이 받았다. 시험 하루 전날 우리는 시험 치를 교실을 확인하고 함께 자취했던 방으로 돌아와 시간을 보내고 있었다. 시험 하루 전날이니 공부한다고 무슨 소용이 있겠는가. 한 동생은 런닝맨을 보고 히죽히죽 웃고 있었고, 또 다른 동생은 휴대폰으로 피파게임(축구게임)을 하고 있었다. 하지만 나는 왠지 모르게 성경을 펼쳐야 할 것 같은 마음이 들었다. 그래서 방에서 쓰던 작은 상을 펼쳐서 성경을 창세기 1장부터 넘겼다. 공부한 게 아니라 그냥 넘겼다. 1년 넘게 메모하고 정리한 성경을 그냥 눈으로 사진을 찍듯 그냥 한 쪽씩 성경을 넘겼다. 어렴풋한 기억으로 족히 2시간은 한 것 같다.

시험 당일, 놀랍게도 전날 한 쪽씩 넘기며 봤던 부분에서 10문제 이상이 출제된 게 아닌가. 만약 하루 전 옆에 있던 동생들처럼 런닝맨을 보고, 게임을 했더라면 나는 분명 불합격했을 것이다. 그냥 하는 말이 아니었다. 그렇게 10문제를 더 맞고도 겨우 합격 커트라인에 걸린 점수를 받았으니(함께 공부한 동생들은 우수한 성적으로 합격했다).

내 이야기를 하면서, 어쩌면 두 분이 불안해하듯 실제로 출산하기에 모자란 몸 상태인지도 모르겠다고 했다. 그러나 하나님은 불가능을 가능하게 하시고, 죽은 자도 살리시고, 반석에서 샘물을 나게 하시는 분이시니 주님을 믿고 기다려보자고 했다. 두 번의 유산 때와 증상이 비슷하더라도 우리의 감각은 그다지 신뢰할 만하지 않으니, 일단 "하나님이 하시면 무엇이든지 가능합니다! 하나님은 다 하실 수 있습니다!" 믿음으로 선포하자고 했다. 자꾸만 드는 부정적인 마음과 생각은 애써 마음 한쪽에 묻어두고, 검사 결과가 안 좋아 시험이 들더라도 그것은 그때 가서 해결하고, 끝까지 하나님을 신뢰하자고 했다.

부부는 다음날 병원에 갔고, 건강하게 뛰는 아이의 심장 소리를 들었다. 우리는 모두 할렐루야를 외쳤다. 두 사람은 임신과 유산을 반복하다 처음으로 태아의 심장 소리를 들었다. 여 집사님은 병원에서 그 소리를 듣고 얼마나 행복했던지 자꾸만 웃음이 나와 웃음을 참느라 혼났다고 했다. 나도 얼마나 기쁘고 감사하던지! 두 사람은 이후에도 이따금 걱정하는 마음이 든다고 했다. 그때마다 나는 이번 아이는 확실히 하나님이 주신 아이이니 걱정하지 말자고 격려했다.

참으로 기적 같은 일이 아닐 수 없다. 마지막까지 산모와 태중에 있는 아이 모두 건강하기를. 반드시 건강한 아이 낳아 우리 교회에 주일학교가 시작되기를, 자그마한 소망을 품어본다.

믿음이 없이는 하나님을 기쁘시게 하지 못하나니 하나님께 나아가는 자는 반드시 그가 계신 것과 또한 그가 자기를 찾는 자들에게 상 주시는 이심을 믿어야 할지니라 (히브리서 11:6, 개역개정)

기막힌 만남

세상에 이런 일이!

교회 마당에 피어놓은 난로는 종이와 나무를 힘껏 태우고 있었다. 아내는 아이들에게 더는 필요 없어진 나무 장난감을 쓰레기봉투에 담으라고 내게 줬다(쓰레기 버리는 일과 재활용 분리배출은 오롯이 나의 몫). 그것들도 태우는 게 좋겠다고 했더니 아내는 열심히 공부한 딸이 다 푼 문제집까지 더 주면서 나를 마치 불장난에 신이 난 아이처럼 대했다.

약간 신이 난(?) 나는 그것들을 난로에 한꺼번에 던져넣고 불을 피웠다. 너무 많은 것들을 한 번에 태워서인지 갑작스레 난로는 불이 활활 타오르는 게 아니라 연기만 미치도록 자욱하게 내뿜었다. 그 연기를 보고 있자니 양심이 나를 찔렀다. 그러면서 내심 마을 주민 누군가로부터 민원을 받으면 어쩌나 살짝 눈치가 보였다. 괜히 하늘 높이 지나가는 헬기 소리가 신경 쓰였고, 당장에라도 내 머리 위에 멈춰 서서 스피커폰으로 경고메시지를 날리는 일은 없겠지 하는 생각을 하던 찰나,

아뿔싸! 예상대로?!
올 것이 왔구나.

나이 지긋하신 두 내외가 마당으로 들어오셔서 난로 가까이 다가가시는 게 아닌가. 도둑이 제 발 저린 나는 한걸음에 난로 곁으로 달려갔다.

"안녕하세요. 어떻게 오셨어요?"

두 분은 불호령 대신 어색한 표정을 지으셨다.

순간, '어?!'

어디서 뵈었는지 당장에 떠오르지 않았지만, 분명 낯익은 분들이었다.

"잠깐 들어오세요."

아내분께서는 아니라고 손사래를 치셨지만, 남편분은 그러면 잠깐만 앉았다 가겠다고 이미 몸은 나를 바짝 쫓아 교회 건물 안으로 들어오셨다.

나는 내 뒤에 바짝 붙어 따라 들어오시는 남편께 조심스레 여쭈었다. "두 분을 이전에 뵌 것 같은데, 혹시 용인에 있는 □□교회 다니시지 않으셨어요?" 고개를 절레절레 흔드셨다.

나는 이전에 섬기던 교회에서 만난 분들인 것 같아서 여쭈었지만, 아니라 하셔서 더는 말씀드릴 수 없어 조용히 따뜻한 커피와 차를 내렸다. 그렇게 커피와 차를 대접하며 탁자에 마주 앉는데, 아내분은 내가 직전에 남편께 여쭌 교회 이름을 대시며 혹시 아는지 물으셨다. 나는 반가운 내색을 하며 제가 그 교회에서 왔고, 방금 남편께 여쭸는데 아니라고 하셨다고 말했다. 남편 분이 다른 교회로 잘못 들으신 거였다.

두 분은 권사님, 안수집사님으로 이전에 섬겼던 교회의 등록 교인이셨다. 그래서 우리는 기억을 더듬었다. 권사님은 내게 김경일 목사를 안다고 하셨다. 등록한 지 얼마 안 되어 교회 예배당 1층 복도에서 마주쳤고, 기도가 어렵다고 얘기를 했더니 *'시편기도'를 가르쳐주셨다고 얘기하셨다. [*시편기도는 『오늘부터 다시 기도, 도널드 휘트니』에서 제시하는 기도 방법. 만약 오늘이 3일이면, 3편, 33편, 63편, 93편, 123편을 빠르게 읽고 시편의 기도 어휘로 혹은 내용으로 기도하는 방식]

"권사님, 그 사람이 저예요!"

그 교회엔 지금도 "김경일 목사님"이 있지만, 권사님이 말한 그 사람은 김경일이 아니라 나 박경일이었다. 권사님과의 만남이 그 순간 번뜩 기억났다. 권사님이 말씀하신 대로 우리는 교회 예배당 1층 복도 끝에서 우연히 만났다. 목회자인 나는 복도에서 권사님과 마주쳤고, 낯선 얼굴이라 간단한 안부를 여쭸는데, 권사님께서 교회에 출석하신 지 얼마 되지 않았고, 권사임에도 기도가 쉽지 않다고 속마음을 터놓으셨다. 그래서 잠시 권사님과 복도 의자에 걸터앉아 대화를 나눴다. 마침 기도 사역을 맡고 있던 나는 기도에 관한 이런저런 말씀을 드렸고, '시편기도'를 알려드렸다.

두 분은 우리가 함께 머물렀던 교회에 잠깐 다니시다 내가 이곳으로 부임한 지 2~3개월 후에 마찬가지로 이곳 평택 고덕으로 이사를 오셨단다. 두 분께 어느 교회를 출석하고 계시는지 여쭈었지만 안타깝게도 현재는 교회 출석을 안 하고 계신다고 했다. 이사 온 뒤 새로운 교회를 찾아 이곳저곳 다니셨지만, 마음이 닿는 교회가 없어 전전긍긍하시다 현재는 주일성수도 안 하고 계신 상태였다.

두 분은 종종 우리 교회 근처에 있는 공원에 산책을 오시는데, 오늘은 이상하게 조금 더 마을 안으로 걸어가 보고 싶다는 마음이 생기셨다고. 평소보다 많이 걸어 힘이 든 찰나 마침 연기나는 난로를 발견하고 이렇게 잠시 쉬었다 가시려고 교회 마당에 오신 거였다. 내가 희부연 연기를 내뿜는 난로에 마음을 졸이던 그 순간 말이다.

나는 조심스럽게 우리 교회로 오시라고 말씀드리고, 성함과 전화번호를 받았다. 두 분은 연세가 80이 넘으셨음에도 매우 세련되셨고, 건강한 편이셨다. 자리에서 일어나시는 두 분을 위해 기도 해드리고 언제든 오시라고 아내와 둘째까지 다 불러 인사하고 배웅해 드렸다.

참으로 신기하다. 처음 예배당 1층 복도에서 만난 일도, 또다시 이곳 예배당 마당에서 두 번째로 만난 것도 놀라운 일이다. 게다가 행복했던 지난여름 가족 여행 휴가지도 잘 기억하지 못하는 내가 스치듯 만난 권사님과 복도에서 만났던 짧은 만남을 기억하고 있다니. 남편 집사님은 내 기억력에 감탄하셨지만, 나는 전혀 기억력이 좋은 편은 아니다 (내 아내가 그 말을 들었다면 목에 핏대를 세워 반대했을 거다). 나는 권사님의 교구

담당 교역자도 아니었고, 사역을 함께 한 적도 없으며, 그날 처음, 말 그대로 스치듯 만났을 뿐이었다. 기억력이 그다지 좋지 않은 나도 그렇지만, 80세가 넘으신 권사님께서 비록 성을 다르게 기억하셨지만 나와의 만남을 기억하시는 것이 참으로 놀라웠다.

만날 사람은 반드시 만난다는 공식의 증거일까?
하나님이 보낸 분들일까? 어떻게 이 짧은 한 번의 만남을 나와 권사님이 여전히 기억하는 걸까?

아마도 스치듯 만난 순간이었지만 나와 권사님의 마음이 서로 닿아서가 아닐까 싶다. 권사님은 새로 등록하신 교회에서 신앙생활을 잘하고 싶은 마음과 열정이 가득하셨던 것 같고, 기도 담당 사역자였던 내겐 나름 진지한 책임감 비슷한 것이 있어 서로의 마음과 마음이 연결되지 않았을까.

이후 두 분은 우리 교회에 한 번도 나오신 적이 없다. 그러나 나는 두 분께 이미 큰 선물을 받은 것이나 다름없었다. 이미 큰 선물을 내게 주셨다. 두 분과의 만남을 통해 목회는 마음과 마음이 닿아야 한다는 것을 깨달았기 때문이다. '마음과 마음이 닿는 목회…'

하나님도 우리를 분명히 기억하실 거다. 우리 주님은 우리의 신음에도 귀 기울이시고, 우리의 기도를 결코 외면하지 않으시며 마음에 담으시는 사랑의 하나님이시니까. 우리의 마음만 주님께 가닿으면 된다. 아, 갑자기 우리 주님이 너무 그립다. 그 주님을 속히 만나고 싶다. 마라나타! 주 예수님 오시옵소서!

> 어머니가 어찌 제 젖먹이를 잊겠으며, 제 태에서 낳은 아들을 어찌 긍휼히 여기지 않겠느냐! 비록 어머니가 자식을 잊는다 하여도, 나는 절대로 너를 잊지 않겠다. 보아라, 예루살렘아, 내가 네 이름을 내 손바닥에 새겼고, 네 성벽을 늘 지켜 보고 있다. (이사야 49:15-16, 새 번역)

スムラ아홉 번째 이야기_

행복한 붕어빵

"아~아~ 우리 마을, 한우리교회에서 마을 분들을 위해 붕어빵을 준비했답니다. 지금 교회 마당으로 가시면 맛있는 붕어빵을 드실 수 있습니다."

마을 노인회장님께서 멋지게 방송을 해주셨다. 처음으로 우리 성도들이 마을 분들을 대면하여 섬기는 시간이었다. 매년 마을잔치 때마다 교회에서 몇 번 간식을 제공한 적은 있었다. 그러나 그때마다 아내와 내가 간식을 손수 준비하고 전달한 탓에, 몇몇 어르신 성도님들을 제외하면 나머지 성도들은 이번이 처음으로 마을 주민들의 얼굴을 직접 마주하는 시간이었다. 물론 교회 어르신 몇몇 성도님들은 이전에 마을 분들을 만나고, 섬겼던 시간이 있기는 했지만, 내가 부임하고는 처음이었다. 우리는 붕어빵으로 마을 분들을 만났다.

그동안 우리 교회는 약간의 아픈 시간을 보냈고, 그래서 내부적으로 각자 또는 서로 추스르는 시간이 필요했다. 지난 2년 6개월 동안 함께 그 힘든 시간을 지나오면서 때로는 살얼음을 걸으며 한기에 더욱 움츠리기도 했고, 푸른 싹이 돋는 봄의 기운을 곧 맞을까 싶어 아직 오지 않은 소망의 날들을 향해 머리를 빼꼼히 내밀기도 하면서 오늘에 이르렀다. 젊은 집사님 가정(우리교회에서 유일하게 젊은 가정)이 말씀의 은혜를 받으면서 무럭무럭 성장했고, 작년에 너무나 소중한 집사님 한 가정을 하나님께서 우리 공동체에 보내주시면서 우리 교회 공동체의 전체 분위기가 사뭇 달라졌다. 젊은 믿음의 식구들이 하나님의 말씀과 기도로 풍성해지고, 아름다운 교제를 이루게 되면서 우리 안에는 점점 더 그리스도의 사랑이 풍성히 채워져갔다. 그러면서 자연스럽게 복음과 사랑을 흘려보내고 싶은 분위기가 공동체에 조금씩 차게 되어 붕어빵을 가지고 마을 분들과 만나게 된 것이다.

이전에 섬기던 교회의 동료 목회자로부터 붕어빵 기계를 새로 교체했다는 소식을 우연히 듣고, 사무장님께 은밀히 요청해 기존에 쓰던 낡은 붕어빵 기계를 가져다 놓았었다. 그렇게 우리 교회로 온 붕어빵 기계는 언제 구동될지도 모른 채 창고 한구석에서 새는 비에 물을 머금고 녹이 슬고 있었다. 그러다 최근에야 비로소 녹을 벗고, 필요한 갖가지 도구와 함께 개시하게 됐다. 반죽과 붕어빵에 들어갈 팥도 주문하며 모든 준비를 마쳤지만 정말 붕어빵을 구워 마음을 나눌 수 있을지 의심스러웠다. 그래도 함께 수고할 성도들과 상의한 끝에 어느 토요일에 먼저 연습을 해보기로 했다. 결과는 놀라웠다. 우리에겐 붕어빵 굽는 일에 특별한 재능을 가진 두 집사님이 계셨다. 두 분 덕분에 우리의 붕어빵 프로젝트는 순조롭게 시작됐다. 먼저는 우리 교회 어르신 성도님들께 붕어빵을 선보였는데 반응은 생각했던 것보다 훨씬 더 좋았다. 그렇게 시작된 붕어빵 프로젝트는 마을 분들을 대상으로까지 넓어진 것이다.

노인 회장님께서 직접 방송을 해주셨고, 붕어빵 굽기에 남다른 재능을 보이신 두 집사님의 손이 빠르게 움직이기 시작했다. 하지만 늘 가던 길로만 가는 안전 우선주의인 나는 걱정스러운 마음이 앞섰다.

'날도 추운데 아무도 안 오시면 어쩌지?'

'맛있게 구워진 붕어빵을 결국 우리가 다 먹고, 남은 것은 버리게 되는 건 아닐까?'

...

"저기 오신다!"

누군가 외쳤다. 처음 보는 중년의 두 여성분이 오셨다. 우리 마을에 2년 6개월 살면서 처음 뵙는 분들이었다.

"맛있게 드세요!"

"... 그냥 먹으면 돼요?"

"네!"

"어떻게 그냥 먹어요?"

두 분은 주머니에서 돈을 꺼내실 참이었다. 우리는 연신 공짜라고 외치면서 교회 이름이 적힌 물티슈도 함께 건네드리고 행복해했다. 잠시 후에 지팡이를 들고 오시는 어르신들, 처음 보는 젊은 남녀, 마을 분들이 갑자기 몰려오시는 게 아닌가. 붕어빵이 안 팔리면 어쩌나 싶어 졸이던 마음은 온데간데없이 사라지고, 왜 이토록 붕어빵을 빨리 구워내지 못하는지 애꿎은 낡은 붕어빵 기계만 원망하며 마음속으로 '제발 빨리 구워져라'를 연신 외쳐댔다. 마을 분들은 기쁘고 행복한 얼굴로 붕어빵을 받아 가셨고, 삼삼오오 붕어빵 기계 앞에서 웃으며 붕어빵을 드시기도 했고, 어떤 분들은 건물 안에서 차를 마시기까지 하셨다.

붕어빵 프로젝트는 대성공이었다. 우리가 처음 계획한 시간은 1시간이었지만 실제론 1시간을 훌쩍 넘게 됐다. 하지만 고된 노동 속에서도 우리는 웃고 행복했다. 내게 누님 같은 집사님은 종종 나의 표정을 읽으시곤 했는데, 그동안은 항상 틀리셨지만, 처음으로 이날만큼은 정확히 내 표정을 읽어내셨다. 집사님은 처음 내 표정이 굉장히 어두웠지만, 마을 분들이 몰려오기 시작하자 내가 함박웃음을 지었다고 놀리셨다. 나는 괜히 민망해서 그것은 결코 사실이 아니라고 손사래를 쳤지만 옆에 또 다른 집사님까지 "목사님은 목사님 표정을 못 보니 아실 수가 없죠"라고 거드는 바람에 인정할 수밖에 없었다.

행복했다. 참으로 별일 아닌데. 사랑하는 교회 식구들과 붕어빵을 구워 마을 분들에게 나누는 일이 뭐 그리 대단한 일이겠는가. 붕어빵을 드시고 당장 다음 주부터 교회를 나오시겠다고 하시는 분도 없었다. 하지만 나는 정말 행복했다. 지난 2년 6개월의 시간이 주마등같이 지나갔다.

별거 아닌 붕어빵에 행복해하신 마을 분들의 얼굴이 떠오른다.
붕어빵과는 비교할 수 없는 귀한 분이 있는데.
참으로 아름답고 존귀하신 그 이름,
예수그리스도야말로, 나와 우리 교회 성도들이 정말 전하고 싶은 선물인데.

언젠가 이 세상에서 가장 크고 놀라운 하나님 사랑의 결정판 예수님을 받으실 수 있기를. 그 예수님이야말로 진짜 선물이라는 것을 알고 감격하며 기뻐하시는 모습을 꼭 보고 싶다.

그 모습이 내게는 너무나 흐릿해 보이는 바람이지만, 분명 주님께는 너무나 쉬운 일일 것이다. 그날이 속히 오기를 기도하고, 꿈꿔본다.

내가 이렇게 하는 것은 여러분 모두가 사랑으로 결속되어 마음에 격려를 받고, 깨달음에서 생기는 충만한 확신의 모든 풍요에 이르고, 하나님의 비밀인 그리스도를 온전히 알게 하려는 것입니다. (골로새서 2:2, 새 번역)

주님이 주님의 교회를
세우십시오

내가 기도할 때마다 빼놓지 않는 것은 주일예배에 새로운 분을 보내달라는 간구다. 20명이 채 안 되는 교회의 담임목사로 사는 것이 항상 행복한 것은 아니다. 이따금 주일예배에 기존 우리 성도들이 아프거나 급한 일이 있어 참석하지 못하실 때는 예배당이 더 휑하게 느껴진다. 그럴 때면 성도들로 가득 찬 예배당의 예배가 늘 익숙했던 나는 이곳에 온 지 적지 않은 시간이 흘렀음에도 여전히 낯설고 마음 한구석이 불편하다(아직 젊다는 얘기겠지).

아주 가끔 주일예배에 새로운 성도님들이 방문하시기도 한다. 매해 2~3번 정도 새로운 얼굴들이 예배에 잠깐 다녀가신 것 같다. 작년에 우리 교회를 잠깐 다녀가신 몇 분들이 생각난다.

한 번은 나와 비슷한 연배의 부부가 어린 딸과 함께 예배에 참석했다. 분명 초롱초롱한 눈빛으로 예배에 힘쓰는 것 같아 예배 내내 나를 설레게 했지만, 축도를 마치고 눈을 떴을 때는 이미 사라져 버린 뒤였다. 혹시나 하는 마음에 일주일 내내 간절히 기도하고 기대했건만 그 가족을 나는 두 번 다시 만나지 못했다.

또 한 번은 한없이 푸근하고 따뜻하실 것만 같은, 더욱이 세련미 물씬 풍기는 한 권사님이 오셨다. 권사님은 식사까지 하셨다. 뭔가 '됐다!' 싶었다. 식사를 마치고 목양실에서 대화를 잠깐 나눠보니 우리 교단의 가장 큰 어느 교회의 권사님이셨다. 권사님은 현재 교구장을 맡고 계셨고, 서울 집이 정리되는 대로 옆 마을 고향집으로 완전히 이사 올 계획이라고 하셨다. 권사님은 그다음 주에 안수집사님인 남편분과 예배에 참석하시기도 했다. 예배를 마치고 두 손 꼭 잡고 인사했는데…. 그것이 마지막이었다.

또 어떤 집사님 내외는 세 번 정도 주일예배에 참석하셨다. 이 부부는 새로운 교회를 찾고 계신 상태였다. 두 분은, 교회는 만민이 기도하는 집이니 누구든 예배당에 오셔서 기도하라는 내 설교에 감동하셨다. 그리곤 그다음 주부터 친구와 함께 반년 정도 우리 교회 예배당에 와서 저녁마다 기도하시고, 나와 차도 마시며 교제했지만 결국 다른 교회로 가셨다.

잠시 교회를 다녀가신 분들과 만남이 계속해서 이어지지 않자 나는…. 나도 모르는 사이, 원치 않게 점점 작아졌다. 점점 작아지던 어느 날, 우리 교회 한 성도님은 교회를 다니고 싶다는 지인에게 "가까운 교회가 제일 좋은 교회야!"라고 말해주셨다는 말과 현재 가까운 교회에서 열심히 출석 중이라는 좋은 소식을 전해주셨다. 그때 내가 느낀 감정은 고등학교 1학년 때 첫눈에 반해 한 달 사귄 장미로부터 헤어지자는 편지를 받았을 때와 비슷했다.

얼마 뒤 이전에 섬기던 교회의 한 권사님께 전화가 왔다.

"여보세요"

"목사님, 000 집사 가족이 평택으로 이사갔어요. 아직 교회를
못 정했다고 해서 목사님 교회를 소개했어요. 그 집사님뿐만 아니라 자
녀들까지 한 부대예요."

"아들은 한의사예요. 그 가정이 목사님 교회 가시믄 큰 힘이 될
거요. 목사님, 이름 받아 적으시고, 기도하셔."

불러주시는 이름을 한분 한분 받아 적었다. 그 이름들을 받아 적
으면서도 내심 생각했다. '안 오실 거 같은데.'

내가 처음부터 이런 것은 아니었다. 당연히 처음엔 이런 분들을
소개받으면 간절히, 그리고 강력히 올 줄로 믿고 기도했다. 그러나 그때
마다 나의 간절한 바람은 한 번도 이뤄진 적이 없다. 이제 이런 연락을
받으면 별 기대가 없다. 왜냐면 매번 희망 고문으로 끝난 까닭이다.

전화를 끊으면서 나는 권사님께 말씀드렸다.
"권사님, 신경 써주셔서 감사합니다. 열심히 기도하겠습니다만
하나님이 보내주시면 오실 것이고, 하나님 뜻이 아니면 안 오실 겁니다."

권사님께 한 이 말은 내가 이곳에 담임목사로 일하게 되면서 지
금껏 깨달은 바이며, 스스로 무너지지 않으려 생겨난 자기방어의 작품

이었다.

이후 나는 권사님이 적어주신 이름을 보면서 기도했다. 안 오실 것 같다는 마음은 강렬했지만, 그래도 노트에 적은 분들이 우리 교회에 오시면 좋겠다는 바람으로 열심히 기도했다. 시간이 흐르면서 나의 간절한 간구는 점차 나 자신의 내면을 깊이 살펴보는 기도로 바뀌었다.

기도를 통해, 나 스스로가 점점 더 나를 가치 없는 사람으로 여기고 있음을 발견했다. 내 의지와 상관없이 적은 무리의 담임 목사인 나는 20명도 채 안 되는 성도만큼의 가치였다. 이전에 큰 교회에서 사역하면서 상가교회 목회자로 평생 살아오신 장인어른을 존경했고, 주변에 여러 작은 교회의 목사님들을 진심으로 존경했던 나였는데, 내가 그 입장이 되니 얘기가 달랐다. 교회의 규모, 성도의 숫자가 목회자에 대한 평가 잣대가 절대로 될 수 없다는 것을 이성으로 분명히 알고 있음에도 정작 나 자신을 그렇게 평가하지 못했다. 내가 속물임이 드러났다.

성경의 한 사건이 떠올랐다.
하나님은 출애굽 한 이스라엘을 약속의 땅으로 인도하시기 전에 그들의 바람대로 지도자 12명으로 하여금 가나안 땅을 정탐하도록 허락하신다. 12명의 지도자는 정탐을 마치고 가데스바네아로 돌아와 그 땅이 좋은 땅이라고 보고했다. 그러나 그 땅의 성은 난공불락의 철옹성이고, 그 민족은 크고 힘이 세어 자신들은 메뚜기와 같다고 했다. 그

들은 입을 모아 그 땅을 정복하러 가는 것은 무모한 일이라 했다. 이 일
로 하나님은 진노하신다. 하나님은 끝내 그들의 걸음을 광야로 돌리셔
서 심판하셨고, 광야 2세대를 새롭게 준비하신다.

하나님은 이 일을 떠올리시면서 마치 내게,
'너도 이 꼴 나볼래?' 하시는 것만 같았다.

그리고 하나님은 내게 다음과 같이 말씀하셨다.
'너는 절대 작지 않다.'
'작다고 말하지 마라'

나는 정신이 바짝 들어 즉시로 회개했다.
"하나님 아버지,
저는 연약하지만, 주님이 함께하시면 저는 전혀 작지 않습니다.
주님 안에서 저는 뭐든지 할 수 있습니다.
주님, 이 교회는 주님의 교회이니,
주님이 주님의 교회를 세우소서."

하늘로 쏘아 올린 나의 작은 기도는 성찰, 치유, 회복을 거쳐 결
국 찬양으로 끝이 났다.
지난 연말 한해를 정리하며 교회, 가정, 나를 위해 기도해 주시고
물심양면으로 도와주신 분들께 감사의 마음을 담아 문자를 보냈다. 모

두가 답장을 해주셨는데, 특히나 어느 집사님이 보내신 답장이 큰 위로가 되었다.

"한 해 동안의 거룩한 수고를 감사드립니다."

"거룩한 수고"라니. 이 한마디에 너무나 큰 위로와 힘을 얻었다. 그렇구나. 인간적인 생각과 세상의 잣대로 봤을 때, 나아진 것이라곤 하나 없는 일 같아 절망했지만 거룩한 수고였구나. 우리 모두가 하나님께서 맡기신 일에 최선을 다하고, 주신 나날을 그저 묵묵히 견디며 주님을 붙잡고 살았다면 거룩한 수고를 한 것이구나.

참으로 주님의 백성인 우리는 모두 이미 복 받은 자요, 왕 같은 제사장이며 거룩한 나라다. 하나님의 나라를 친히 이루시는 주님께서 주님의 교회를 세우실 것이고, 우리는 거룩한 백성으로 거룩한 수고를 하게 하시니 이 얼마나 영광스러운 일인가. 그저 감사할 따름이다.

"그러나 너희는 택하신 족속이요 왕 같은 제사장들이요 거룩한
나라요 그의 소유가 된 백성이니 이는 너희를 어두운 데서 불러
내어 그의 기이한 빛에 들어가게 하신 이의 아름다운 덕을 선포
하게 하려 하심이라" (베드로전서 2:9, 개역개정)

작지만 단단한 이야기 6

시골 작은 교회를 담임하면서 누릴 수 있는, 그만의 짜릿함과 감격이 있을 거 같습니다. 그건 무엇일까요?

박경일 목사_

"짜릿함요? 감격요? 글쎄요… 놀라 자빠질 뻔한 적은 여러 번 있었습니다(웃음). 제 사무실 쓰레기통에서 쥐를 잡았고요. 부엌과 마당에서는 까치 독사를 잡았습니다. 또 예배당과 화장실에서는 도마뱀을 여러 번 잡았습니다. 아! 그동안 여러 번 집에서 출몰했던 지네를 못 본 지 꽤 된 것 같아서 다행이다 싶네요.

물론 가슴 따뜻한 기억도 있습니다. 오고 가며 만나는 마을 어르신들께 인사를 하면, 교회 걱정을 해주시고, 교인들이 늘었는지 안부를 물으십니다. 본인은 나이가 많아서 못 오지만, 사람들이 와야 할 텐데 큰일이라고, 젊은 사람이 시골에 와서 고생이라고 따뜻한 말을 건네주실 때 괜히 우습기도 하고 고맙더라고요. 특히나 이장님께서 큰 위로를 주셨습니다. 이런저런 일로 마음이 괴로울 때, 저녁에 삼겹살에 소주를 드시면서 와서 고기 같이 먹자고 초대해 주시더라고요. 그때 두런두런 나눴던 대화들, 그리고 매번 호박, 배추, 오징어 등등 일용할 양식을 주시면서 따뜻한 말 한마디를 툭툭 던지시는데 그게 그렇게 위로가 되더라고요.

저를 좋은 이웃으로 대해주신 분들께 힘을 많이 얻었던 것 같습니다."

part 7

책방, 나의 사랑하는 책

서른한 번째 이야기_

책방, 나의 사랑하는 책

주일 예배 때마다 휑한 예배당에 마음이 어려웠다. 빈자리가 다 내 탓인 것 같았다. 예배의 기도를 대표하는 성도마다 우리 교회 예배당이 가득 차게 해달라고 기도하는데 그때마다 죄스러우면서도 간절했다. 성도의 기도가 곧 나의 간절한 소원이었던 까닭이다. 주일 아침마다 예배를 위해 기도하면서 배먹지 않고 드리는 기도가 하나 있다.

'주님, 오늘은 제발 낯선 얼굴이 있게 하옵소서.'

구하면 주시겠다는 주님의 약속이 야속하게 느껴질 때쯤, 나는 놀라운 제안을 받았다. 전에 섬기던 교회 목사님께서 은퇴하시며 우모하(우리나라 모든나라 하나님나라) 선교법인을 만드셨는데 그곳에서 함께 전도하자는 것이었다. 대표목사님은 은퇴하시기 훨씬 전부터 몇 차례 주일설교에서 주님의 제자들이 수고(헬라어로 코피아오: 녹초가 되다)하여 전도한 것처럼 은퇴 후 복음 전도에 매진하겠노라 말씀하시곤 했다. 그 말씀대로 우모하 선교법인이 만들어졌고, 우모하 전도단의 일원으로 나를 부르신 거였다. 일정 기간 약간의 재정지원을 받으면서 전도도 훈련할 수 있으니, 내겐 이보다 더 좋은 기회는 없었다.

우리 '우모하 전도단'은 대표목사님까지 총 6명이다. 우리는 주 3회 모여 함께 예배하고 전도한다. 전도 공부를 처음부터 다시 했다. 참으로 전도에 대한 오해가 많았음을 반성했고, 신약성서가 전도 책이라고 해도 과언이 아닐 만큼 전도의 사명과 메시지, 전도에 관한 이야기로 가득하다는 것을 새삼 알게 됐다. '우모하'는 내게 전도에 대한 바른 이해에 도움을 주었고, 복음 전도 사명의 마음을 가득 부어주었다.

　　우리 우모하는 함께 전도도 하고, 서로가 섬기는 교회를 순회하며 전도하기도 한다. 네 교회 순회를 마치고, 멤버 중 가장 막내였던 내 차례가 되어 우리 교회에 함께 모였다. 우모하 전도단은 대체로 전도지를 나누는 방법을 사용하는데, 나는 지금껏 마을에 전도지를 돌려본 적이 없다. 왜냐하면 마을의 총 가구수가 48가구이고, 서로가 잘 알아 매번 전도지를 주기도 민망했기 때문이다. 대신 다른 방법을 써왔다. 지금껏 마을의 총무가 되어 마을에 도움이 되고자 했고, 1년에 두 번 마을 어르신 여행에 간식을 후원해 오고 있다. 또 교회의 중요한 절기 때마다 가가호호 돌아다니며 작은 선물로 사랑과 복음을 나눴다(이장님이 전도하는 것을 극도로 싫어하는 이유도 포함).

　　이런 상황이었기 때문에 우리 교회에 모인 우모하 전도단은 범위를 넓혀 마을을 벗어나 차로 5분 거리에 있는 신도시로 노방전도를 나갔다. 이전에 홀로 전도한 적이 있어 별 부담 없이 우모하 목사님들을 모시고 함께 전도를 시작했는데, 아뿔싸. 예상과 달리 쉽지 않았다. 전에는 전도용 물티슈를 다들 잘 받아주며 호의적이었는데, 그날은 전혀 그렇지 않았다. 아파트 단지는 최근 지은 것들이라 현관부터 들어갈 수 없었고, 거리의 사람들이 보여주는 반응은 차가웠다.
　　거리가 다소 삭막하게 느껴졌고, 조금은 숨이 막히는 듯했다. 전도를 마친 뒤 전쟁에서 패한 군인들처럼 교회 카페에 모여 간단한 소감을 나눴고, 기도로 모임을 마쳤다.

헤어지고 난 뒤 내 마음은 일정을 잘 마쳤다는 후련함 대신 왠지 모를 답답함에 무거웠다. 늘 우리 교회의 마을을 넘어 고덕신도시까지 내 목회 영역(선교지)이라 생각했었는데. 그런 내 마음은 우모하 전도단과 함께 신도시 전도를 하고 난 뒤 낙심으로 가득찼다. 왜냐하면 신도시 안에는 아이들과 젊은 세대가 많은데 우리 교회는 거리도 멀고, 주일학교(교육부서)도 없으니. 아이들과 젊은 부모들이 굳이 멀리 떨어진 우리 교회에 찾아올 이유가 없다는 확신이 들었다. 그들에게 우리 교회는 전혀 매력적이지 않은 곳이 틀림없었다. 슬프지만 사실이었고, 나는 하나님과 상황 앞에 절망했다.

우리 교회가 어찌 황구지마을을 넘어 고덕지역에 복음을 전할 수 있을까 고민했다. 그러던 차에 뉴스를 보는데, 책에 관한 보도가 나왔고 평소 같으면 그냥 지나칠 수 있었을 텐데 불현듯 도서관을 해야겠다는 마음으로 이어졌다. 그러나 도서관을 알아보니 운영이 생각보다 쉽지 않았다. 돌파구를 찾던 내 의식은 자연스레 책방으로 흘렀다. 마음이 설렜고, 고덕과 우리 교회의 좋은 접점이 될 수 있겠다는 생각이 들었다. 구체적으로 기도하며 자료수집을 하고, 열심히 발품을 팔다 책방을 하는 교회 두 곳을 알게 됐다. 하나는 양평에 있는 공명교회의 <책보고가게>였고, 또 하나는 포항에 있는 새롬교회의 <안녕, 나의 책방>이었다. 나는 두 곳을 직접 방문해 목사님들을 만나고 난 후, 꼭 책방을 해야겠다 마음먹었다.

사업(사역)계획서를 작성했다. 어느 정도 구체적 그림이 그려지면서 제직회 때 책방 선교사역 계획을 나눴다. 상가를 얻어 월세로 많은 금액을 내는 교회도 있는데, 우리는 그 비용으로 선교를 하자고 했다. 분명 모두가 좋아할 거라 기대했는데. 좋은 반응도 있었으나 비용을 걱정하는 분도 계셨다. 당연했다. 그런데 나는 어디서 온 자신감이었는지 임대료만 교회에서 선교비로 지출해 준다면, 인테리어를 비롯한 초기 비용은 후원을 받아오겠다고 말했다. 호언장담하는 젊은 목사의 말에, 제직들은 반신반의하면서도 동의해 주었다.

나는 열심히 기도하며 하나님을 반협박했다. 이 일은 처음 계획부터 선하다는 것을 주님께 피력하면서 우리 교회의 존폐가 달린 문제라 하나님께 매달렸다. 이곳이 접점이 되어 복음을 나누게 해달라고 기도했고 기도하면서 더욱 확신이 들었다.

계획이 진행되며 인테리어와 시설 준비 비용의 견적이 대략 나왔다. 예상 비용이 적지 않았다. 우리 교회가 감당하기에 부담스러운 금액임은 틀림없었다. 나는 무엇인가에 홀린 듯 용기 내어 지인인 기업가 두 분에게 연락을 드렸다. 감사하게도 두 분 모두 시간을 내주시겠다고 했다.

책방사역에 관한 계획서를 열심히 준비해 약속 당일, 약속 장소로 갔다. 두 분은 이미 서로 알고 있는 분들인 탓에 운 좋게 한자리에서 만날 수 있었다. 두 분은 나의 사업계획서 브리핑을 들으시며 기업가다운 기운을 뿜뿜 풍기셨고, 몇 가지 날카로운 질문도 하셨다. 내가 준비한 내용을 전달한 지 10분 정도 지났을까.

"목사님, 이제 가세요."
"?!"

두 분은 따로 할 얘기가 있다고 하셨다. 아직 다 마시지도 않은 커피가 나를 애타게 붙잡았으나 어쩔 도리가 없었다. 엉덩이에 불이라도 난 것처럼 나는 정중히 인사를 드리고 자리를 떴다. 불이 난 것은 엉덩이가 아니라 얼굴이었다. 거울을 보진 않았지만 내 얼굴이 극도로 상기되었음을 느낄 수 있었다. 어려운 부탁을 하는 자리였고, 한 번도 해보지 않은 일이라 긴장한 탓에 얼굴이 뜨겁게 달아올랐음을 느낄 수 있었다. 두 분께 아무런 기약도 듣지 못한 채 민망함과 (무리한 것을 요청한 것 같아) 죄송한 마음으로 뒤도 돌아보지 않고 도망 나왔다.

주차된 차에 오르자, 오만가지 생각이 들었다.
'내가 무슨 짓을 한 거지?'
'어디서 이런 용기가 난 거지?'
'제직들에게 무슨 자신감으로 후원을 받아서 하겠다고 한 거지?'

정신이 들자 아찔했다. 돌아보니 무모했고 미흡했다. 그러나 어쩌겠나. 이미 엎질러진 물인데. 다짐했다. 후원이 이뤄지지 않으면 하나님 뜻이 아닌 것으로 알고 책방 계획은 접기로. 그러나 마음 한켠에는 의도가 선하고, 좋은 취지이니 주님이 허락하실지도 모른다는 기대가 내심 컸다.

며칠 뒤, 두 분으로부터 후원금이 입금되었다. 정말 기뻤고, 두 분께 감사했다. 그리고 무엇보다 두 분에게 감동을 주시고, 나를 긍휼히 여기는 마음을 허락하신 하나님께 찬양이 절로 나왔다. 중간중간 쉽지 않은 우여곡절도 있었지만, 차근차근 대체로 순조롭게 이뤄졌다. 그렇게 우리의 책방이 시작되었다.

책방 이름은, <나의 사랑하는 책>이다. 이런저런 책방 이름을 생각하다가 결국 찬송가 199장의 제목인 '나의 사랑하는 책'으로 했다. 영어로는 My dear book! 우리 그리스도인들이 책방 이름을 보면 딱 알아볼 수 있을 것 같았고, 가나안 성도들은 찬송가와 옛 추억을 떠올리며 다시금 신앙생활을 시작하면 좋겠다는 바람에서였다. 또 도심 가운데, 예수님이 구원자 되심을 선포한다는 마음에서 지은 이름이다(나의 사랑하는 책=말씀=예수님).

이렇게 책방, 나의 사랑하는 책이 시작됐다.

"주님, 나의 사랑하는 책이 복음을 나누는 공간이 되게 하소서!"
"책방으로 우리 교회가 힘을 얻게 하소서!"
"주님의 사랑과 위로를 전하는 동네 사랑방이 되게 하소서!"

소심한 선 넘기

책방 <나의 사랑하는 책>에는 종교적 색채가 거의 느껴지지 않는다. 도서 대부분이 일반서적이고, 책방에서 나는 오롯이 책방지기로 사람들과 만난다. 의도적으로 교회가 운영한다는 것을 드러내지 않고, 내가 목사라는 것도 굳이 드러내지 않는다(그렇다고 철통 보안은 아님). 그래서일까? 사람들은 책방을 스스럼없이 찾아오고, 책방지기인 내게 쉬이 말을 걸며 자기 속내를 꺼내놓기도 한다. 나로부터 '친절하고 인상 좋은 KFC 할아버지'에게서 느끼는 편안함을 느끼는 듯하다. 교회 안에서만 지내왔던 목사인 내게 교회 밖 책방지기로 사는 삶은 처음 맛보는 신세계였다.

자연스레 나는 '책방이라는 장소'와, 그토록 사람들이 와주길 간절히 기도했음에도 새로운 사람 한 명 구경하기 힘들었던 '교회라는 장소'를 비교해 보게 되었다. 아직 생각이 완전히 정리된 것은 아니지만, 어렴풋이나마 새로운 시대에는 교회의 외모, 전도의 외모, 목사의 외모가 조금 바뀔 필요가 있겠다는 생각을 하게 됐다. 물론 교회의 본질은 철저히 고수하면서.

<새로운 교회가 온다>(마이클 프로스트 지음, IVP)에서는 이제 교회를 지어놓고 사람들이 찾아오기를 기다리는 시대는 끝났다고 하며, 교회는 성육신적, 메시아적, 사도적이어야 한다고 말한다. 성육신적이라는 것은, 우리 하나님께서 사람을 사랑하시고, 구원하시기 위해 인간의 몸으로 오셨듯 교회도 교회 밖 세상을 향해야 한다는 뜻이다. 교회 문턱

을 낮추고, 찾는 이들의 눈높이로 맞춰, 소위 말하는 세상을 향하여, 세상 속으로 침투해야 한다는 거다. 메시아적이라는 것은, 우리 예수님께서 공생애 기간 내내 가난하고, 약하고, 소외된 사람을 적극 찾아가신 것처럼 교회도 도움과 사랑이 필요한 사람들에게 기꺼이 나아가야 한다는 의미다. 사도적이라는 것은, 탈권위 시대인만큼 권위를 내세우기보다 수평적이어야 한다는 의미이고, 그렇게 모두가 하나님 앞에 살아가려고 할 때 사람들이 거부감을 느끼지 않고 복음을 받아들일 확률이 높아진다고, 책에서는 말한다.

이러한 차원에서 책방은 굉장히 의미 있다고 본다. 나는 책방을 '교회 밖 교회'라고 하고 싶다. 누군가는 내 말에 동의가 안 될지도 모르겠다. 책방이 사람들에게 쉼을 주고, 빵을 주는 차원에서 의미가 있지만 복음이 선포되고 복음이 전해지는 교회라고 하기는 어렵지 않으냐 반문하고 싶은 분들도 있을 거다. 좋은 지적이다. 나 역시 책방이 공동선을 이루는 장소를 넘어서 어떻게 복음을 나누는 게 가능할지 고민해 왔고, 고민하고 있다.

우연히 약간의 실마리를 찾은 듯하다. 책방은 공간이 넉넉하지는 않은 편이다. 그래도 책방인 만큼 처음부터 최대한 책장을 많이 만들고자 했다. 그런데 예산이 부족해 개점하고도 책을 많이 구매하지 못해 책장이 휑하게 비어 아차 싶었다. 임시방편으로 내 서재에 있는 두꺼운 신학 서적과 신앙 서적을 한가득 채워놓기로 했다. 고객들이 당황하지 않도록 메모도 하나 해두었다. "책방지기 책입니다. 판매하지는 않으나 마음껏 꺼내 읽으셔도 됩니다."

그런데 이게 좋은 기회가 되었다. 책방을 찾은 사람들은 책방의 책들을 주욱 살펴보면서 책방지기 책이 잔뜩 꽂힌 마지막 책장 앞에 한참을 머무르기도 한다. 아마도 책방지기의 독서 편력을 짐짓 파악 해보는 듯. 그리스도인들은 "크리스천인가요?"라고 묻기도 하고, 묻지는 않아도 책방지기가 크리스천인 것은 알게 된다. 가끔 마지막 책장의 책들을 보고 바로 책방 문을 열고 나가는 분들이 있는데, 아마도 반그리스도교 정서를 가진 분들일 것으로 추측된다. 책방지기 책들은 책방을 찾아준 분들과 자연스레 일상의 대화에서 영적인 대화로 넘어가는 기회를 마련해주었다. 여기서 힌트를 얻어 나는 가끔 편안히 일상의 대화를 나누다 아무렇지도 않게, 상대방에게 내가 (목사라는 건 밝히지 않지만) 크리스천이라는 걸 드러낸다. 이것이 기회가 되어 영적인 대화를 나누기도 하고, 몇 번은 복음을 전하기도 했다.

어느 날, 군인처럼 머리를 짧게 깎은 한 형제가 궁금함을 가지고 책방 문을 열고 들어왔다. 남자 고객을 만나기 쉽지 않은 책방, 그것도 낮이라 나는 형제가 무척이나 반가웠다. 나는 솔직하게, "책방에서 남성을 만나는 게 쉽지 않은데, 정말 반갑습니다. 그것도 낮에요. 이 동네 사세요?" 자연스레 말을 걸었고, 내가 커피를 내리는 동안 형제는 내 책이 꽂힌 책장을 쭈욱 보더니, 크리스천이냐고 물었다. 꽂혀 있던 팀 켈

러의 <결혼을 말하다>라는 책을 집어 들곤 자신도 책을 보았다고. 책이 너무 좋아 친구에게 선물까지 했다는 게 아닌가. 이것이 계기가 되어 우리는 진지한 얘기를 시작해 영적인 대화까지 나누게 됐다.

형제는 27살이었는데, 그가 말하길, 세상엔 기준이 없는 것 같다고 했다. 그래서 많은 사람들이 제멋대로 살고, 세상이 엉망진창이라고 했다. 자신은 다른 사람들처럼 무질서하게 살고 싶지 않아 기준을 갖고 싶었다고 했다. 그러면서 교회를 갈까 성당을 갈까, 고민하다가 마침 뉴스에서 목회자 성추문 보도를 보고 성당에 찾아가 한 주 새가족 교육을 받은 차였다. 기회다 싶어 <풍성한 삶으로의 초대>라는 책을 선물로 줬고, 그 책을 선물로 주는 대신에 책을 읽고 딱 3번만 만나서 나와 복음에 대해, 예수님에 대해 함께 알아보자고 했다. 형제는 결국 예수님을 영접했고, 이후에 함께 마가복음을 읽기 시작했다.

형제는 책방에서 예수님을 영접한 첫 번째 사람이 되었다. 나는 크게 감격했고, 내가 사무실에서만 앉아 있었다면 이 형제를 어찌 만났을까, 어찌 이 형제에게 예수님을 전할 수 있었을까 생각하면서 책방이 '교회 밖 교회'가 되기를 진지하게 바랐다. 새로운 시대에 교회는 어떠해야 하는지, 교회가 본질을 지키면서도 어떻게 외모가 달라져야 할지 계속 상상 중이다.

책방을 하면서 전도 방법론에 대해서도 생각이 많이 달라졌다.

우리 책방이 있는 로데오 거리엔 전도하는 사람들이 넘쳐난다. 순식간에 상가 교회는 5개가 되었고, 몇 킬로미터 떨어진 큰 교회에서도 조끼를 입고 벌 떼처럼 전도하며, 쓰레기 줍는 봉사를 하는 게 아닌가. 여기에 이단들까지 합세해 전도하느라 거리는 굉장히 혼잡스러웠다.

나는 로데오거리를 바라보면서 '이곳에선 절대로 노방전도는 하지 말아야지' 하고 다짐했었다. 왜냐하면 분명 전도는 좋은 것이고 마땅히 해야 하지만, 여러 교회가 한 번에 각자 교회의 전도지를 나누고, 홍보하는 모습에, 이단까지 합세한 현장이 지나치게 경쟁적이라는 느낌을 받았기 때문이다. 처음엔 벌 떼처럼 몰려 청소하고, 전도하는 교회를 보면서 부러웠다. 혼자 되지도 않는 책방 한다고 애쓰는 내 모습에 확신이 안 서 불안하고 낙심이 되기도 했다. 그러나 곰곰이 생각해 보니 책방을 통해 전혀 다른 방식으로 전도하고, 찾는 이들과 신뢰를 쌓으며 다른 방식으로 주의 사랑을 나누는 것 같아 뿌듯한 마음이 들었다.

책방을 하면서 목사직이라는 것에 대해서도 생각이 많이 바뀌었다. 소위 '이중직 목회자'라는 말이 있다. 교회에 의존하지 않고, 일하며 스스로 생계를 책임지는 자비량 목회자들을 말한다. 이러한 이중직 목사와 젊은 목회자들의 숫자가 점점 늘고 있다. 그러나 우려의 목소리가 있는 것도 사실이다. 목사가 목회에 집중해야지, 먹고사는 일에 힘쓰면, 말씀 연구는 언제하고, 기도는 언제하고, 성도는 누가 돌보냐고 비난하기도 한다. 일하는 목회자들은, 목회하기 위해 일한다고 반론하기도 한다.

나는 책방을 하면서 이 둘과 조금 다른 관점으로 생각해 봤다. 나는 앞으로 목사들이 전도하기 위해서라도 두 번째 일(혹은 부캐)을 갖는 것이 필요하지 않을까 생각했다. 책방지기로 만나니 사람들은 목사인 나를 불편하거나 상종 못 할 존재로 대하지 않을뿐더러 도리어 스스럼없이 만나주고, 좋은 이웃으로 받아주었다.

지나온 여정을 돌아보니 참으로 은혜다. 보수적이고 변화를 싫어하는 내가 어찌 익숙한 자리에서 떠나 선(line)을 이리도 한참이나 넘어 이곳에 있나 싶어 아찔하기까지 하다. 지금 잘 가고 있는 거 맞나 의심이 들기도 하고, 괜히 소중한 시간과 자원을 낭비하는 거 아닌가 하는 생각에 불안과 걱정이 엄습하기도 한다. 그러나 최근 달란트 비유 말씀에서 큰 위로를 얻었다.

주인은 종들을 불러 소유를 맡기며, 각각의 재능대로 첫 번째 종에게는 5달란트, 두 번째 종에게는 2달란트, 세 번째 종에게는 1달란트를 맡겼다. 첫 번째 종과 두 번째 종은 위험을 감수하고 장사를 했다. 장사를 해본 사람은 알겠지만 장사한다고 무조건 돈을 버는 것이 아니다. 가진 원금을 잃고, 빚까지 질 수도 있는 위험이 따르기도 한다. 그런데도 첫 번째 종과 두 번째 종은 위험을 감수하고 선을 넘어 장사를 했다. 선을 넘은 까닭에 이윤을 남기고, 주인에게 칭찬을 받게 된다.

반면 세 번째 종은 주인에게 받은 돈을 투자하거나 장사를 하면 잃을지도 모른다는 생각에 선을 넘지 못했다. 선을 넘지 않으니 위험한 일은 일어나지 않았지만 아무 일도, 아무 이윤도 얻지 못했다. 결과는 어떤가? 주인은 돌아와 첫 번째 종과 두 번째 종에게는 "잘하였도다. 착하고 충성된 종아"라고 칭찬하며 더 많은 것을 맡겼고, 주인의 즐거움에 참여하게 했다. 그러나 마지막 세 번째 종은 선을 넘지 못한 탓에 아무 이윤도 없이, 악하고 게으른 종이라 꾸지람을 받고 바깥 어두운 곳에 내쫓겼다.

　　물론, 앞으로 책방이 어떻게 될지 여전히 불확실하다. 어쩌면 상황이 나빠져 크게 손해를 볼지도 모른다. 그러나 내가 선을 넘어 여기에 있는 것은 '하나님의 인도하심과 선한 동기'로부터 시작되었음을 주님은 아신다. 그러니 주님은 내가 손해를 보더라도 나무라시기는커녕 '애썼다'라고 하시지 않을까 싶다.

　　앞으로도 주님과 함께 '소심한 선 넘기'를 해볼 생각이다.

책방 하길 진짜 잘했다

책방을 하길 잘했다고 생각하는 단연 최고의 순간은 찾는 이(비그리스도인)와의 만남이다. 그게 뭐가 그리 대단한가 하겠지만 목사가 된 이후로 대부분 교회 안에서만 머물던 내게는 굉장한 변화요, 사건이었다. 개점 이후 지난 4개월 동안 책방에서 수많은 이들을 만났고, 특별히 그 가운데 몇몇 이들과의 만남은 뇌리에 깊이 새겨졌다.

토요일 어느 오후, 갓 20살 된 여자 청년이 책방에 왔다. 그녀는 말을 걸어오는 책을 만나기 위해 책과 한참이나 마주하는 듯했다. 나는 책방지기라는 자격으로 조심스레 어떤 종류의 책을 좋아하는지 물었다. 청년은 편하게 읽을 수 있는 소설을 좋아한다고 했다. "나는 소설책을 읽기 힘들다"는 이야기를 시작으로 시원한 아이스커피 한 잔을 건네며 대화를 이어갔다. 마음이 풀어졌는지 청년은 자신의 이야기를 조심스레 꺼내기 시작했다. 울산에서 혼자 올라왔고, 세 자매 중 맏이로 고등학교를 졸업하고 곧장 취업해 직장생활을 시작하고 있다는 얘기, 친한 친구들은 모두 천안으로 갔는데 자신만 평택으로 왔다는 얘기, 직장생활이 힘들고 외롭다는 속내까지. 나는 20살 청년의 속내를 온몸으로 담았다. 청년은 내게 추천받은 책 한 권을 구매하고 다음엔 자신과 가장 친한 친구랑 다시 오겠다고 했다. 책방에서 거리를 내다보니 그녀는 한참이나 누군가와 통화를 했다. 아마 가장 친한 친구에게 책방과 책방지기를 전하는 듯했다.

역시 어느 토요일 늦은 오후, 영업 종료 시간이 다 되어 문을 닫

으려던 찰나 한껏 멋을 부린 30대 여성이 책방에 들어왔다. 책을 대충 훑어보더니 대뜸,

"책방 언제 오픈했나요?"

"8월에 개점했습니다."

"여기 있는 책 다 읽으셨나요?"

"...?!"

"아.. 뇨, 읽은 책도 있지만

아직 읽지 않은 읽고 싶은 책이 더 많아요."

"아..."

문 닫을 시각이 다 되어 들어와 거침없이 질문을 쏟아내던 여성은 조심스레 자신의 이야기를 꺼내기 시작했다.

"저 어제 최종면접 떨어졌어요."

"아..."

처음 이 고객에 조금은 불편한 마음이 있었다. 주일예배 준비가 미흡해 속히 문을 닫고 집으로 막 들어가려던 참이었기 때문이다. 그런데, 공무원 준비를 적지 않게 했고, 될 듯 될 듯 연거푸 최종면접에서 떨어졌다고 하는 사람 앞에서 자리를 털고 일어설 수는 없었다. 그래서 정성스레 커피 한 잔을 내려주고 고객 앞에 잠시 머물렀다. 고객은 최종면접에 떨어져 우울한 마음을 떨쳐버리려 한껏 멋을 부리고 집에서 뛰쳐

나왔고, 우연히 책방을 발견해 반가운 마음에 들렀다고 했다. 그녀는 한참 동안이나, 우울하고 어려운 자신의 마음과 고민을 내 앞에 잔뜩 풀어놓았고 조금은 후련해진 거 같았다.

"이렇게 좋은 공간을 마련해줘서 고맙습니다."
"우울한 저의 이야기 들어주셔서,
 또 맛있는 커피도 고맙습니다."
"사는 곳이 이곳은 아니라 자주 오지는 못하지만,
 나중에 다시 올게요."

고객이 나간 뒤, 나는 잠깐 나눴던 대화를 되뇌었다. 그리고 창밖으로 터덜터덜 걷는 뒷모습을 바라보며, 그의 삶에 좋은 일이 있기를 기도했다.

추석 연휴를 앞두고 조금은 들뜬 저녁이었다. 두 손에 책을 한가득 안은 청년이 들어왔다.
"저 혹시... 이 책 이곳에 두고 책 좀 둘러봐도 될까요?"
"네 그러세요."
카운터에 한 움큼 올려놓은 책은 근처 시립도서관에서 빌려온 책으로 반려견과 관련된 내용들이었다. 책방의 책들을 한참 보고 있길래 물었다.
"이 근처에 사세요?"

"네"

"여기 책들은 모두 반려견과 관련된 책이네요?"

청년이 빌려온 책은 어색한 그와의 대화거리가 되어주었다. 청년 역시 자연스럽게 자신의 이야기를 했다.

"제가 작곡과 4학년인데요. 뭘 해 먹고 살지 고민이에요."

"아, 작곡과시군요. 제 아내는 피아노 전공이에요."

"소속사로 들어갈 수 있는 것도 아니고,
전공을 살릴지도 고민입니다."

"그렇군요. 책이 좋은 답을 주기도 하니까 책에서
한 번 찾아보죠."

"잘 봤습니다. 추석 지나고 또 올게요."

"네 또 오세요."

이외에도 수많은 이들을 만났다. 최근 강남에서 전학 온 고등학생, 성공한 CEO, 뷰티사업 대표, 호프집 사장님, 여호와의 증인과 같은 이단 신도들까지.

솔직히 책방을 시작한 처음 목적은 접근성 떨어지는 우리 교회로 사람들을 유입시킬 수 있는 접점을 만들기 위함이었다. 그런데 책방을 막상 시작해 운영해 보니 삭막한 도심 속에 사람들이 잠시 마음 편히 머물다 가는 것만으로도 우리 책방이 이곳에 있어야 할 이유는 충분해 보였다. 사람들은 홀로 있는 것을 편안해하면서도 자신의 속내를 말하고 싶어 하는 외로운 존재인 것을 몸소 경험했다. 우리 책방이 어두운 바다를 비추는 등대처럼 누군가에게 한 줄기의 희망과 위로를 줄 수 있다면 그것으로 충분히 존재 가치가 있지 않을까.

얼마 전, '움직이는 교회'를 담당하고 있는 김상인 목사님의 이야기를 듣고 크게 공감했다. 목사님은 홍대 근처에 개척하고 열심히 복음을 전했으나 아무도 듣지 않았다고 했다. 많은 계획이 있었고 열정도 있었지만, 계획대로 되는 것이 하나도 없었다고 했다. 그러다 선한 사마리아인에 관한 말씀을 통해 하나님께서 "제사장도, 레위인도 강도 만난 자를 피했지만, 너는 강도 만난 자를 피하지 않으면 좋겠다"라는 감동을 주셨단다. 그래서 목사님은 '저에게 강도 만난 자는 누구입니까?' 물었는데, '홍대에 놀러 온 친구들'이라고 하셨단다. 목사님은 '그들을 찾아 거리로 나왔고, 그들을 위해 뭘 할 수 있을까' 고민하던 중, 소개로 만난 (클럽 앞에서 케밥을 팔던) 방글라데시 무슬림을 보고 깜짝 놀라게 된다. 청년들이 그에게 지갑, 핸드폰을 맡기고 클럽에서 놀기도 하고, 어려움이 있으면 도움을 요청하는 것이 아닌가. 방글라데시 무슬림은 목사님께 "목사님, 이런 일은 교회가 해야 합니다"라고 했다는 거다. 그때부터 목사님은 클럽 앞에 머물며 청년들에게 마실 물도 주고, 술이 깰 때까지 따뜻한 차도, 의자도 제공하였다. 가끔 술에 취한 청년들은 집까지 직접 차로 바래다주기도 했다. 그렇게 복음이 전해졌고, 교회가 세워졌다고 목사님은 말했다. 목사님이 돌아보니 그들에게는 단지 시간이 필요했던 것 같고, 지금껏 자신이 한 일은 그들이 위험하지 않게 곁을 지켜주는 게 전부였다고 했다.

책방을 다녀간 고객들과의 만남을 떠올려보니 참으로 내가 한 것이라곤 그저 환대뿐이었다. 경청과 커피 한 잔 대접한 것이 전부였다. 그런데도 사람들은 위로받고, 고맙다고 웃으며 책방을 나서지 않았던가. 꼭 우리 교회 공동체로 들어오지 않아도 괜찮다. 피곤하기도 하고, 돈도 안 되는 사업이지만 이곳을 통해 사람들이 잠시 답답하고 외로운 가슴을 풀어내고 갈 수 있다면, 그렇게 각자의 삶을 더욱 살아낼 작은 쉼을 얻는다면 분명 책방은 그것으로도 충분히 제 역할을 하고 있는 거다.

요즘은 책방에 출근하면서 기대가 된다. '오늘은 어떤 이들과 만나게 될까' 하고 말이다. 거의 모든 시간을 교회 사무실에 홀로 처박혀 절망하고 낙심했던 이전과는 사뭇 다르게 지금은 생기가 넘친다.

책방, 정말 좋다.
책방 하길 잘했다.
책방 하길 진짜 잘했다.

작지만 단단한 이야기 7

책방을 꾸려가며 생겨난 가장 큰 변화가 있다면 무엇일까요?

박경일 목사_

"교회 건물 밖으로 나왔다는 게 아마 가장 큰 변화인 것 같습니다.

교회 밖에서 비그리스도인들을 꾸준히 만나면서

교회에 대한 생각, 목사라는 직에 대한 생각,

전도에 대한 생각 등 여러 가지가 바뀌었고, 현재도 계속 변하고 있습니다.

교회 건물 안에서만 지내던 이전과는 정말 많이 달라졌어요.

지금이 정말 좋습니다. 특별히, 새로운 만남에 대한 기대로 삶에 활력이 생긴 것도 이전과 크게 달라진 소중한 변화이겠네요."

에
필
로
그

모태신앙으로 늘 교회에 있었던 제가 비로소 하나님을 인격적
으로 만난 시기는 23살 청년의 때였습니다. 그 이전까지 저는 신앙생활
이 아닌 종교생활을 했던 것 같습니다. 그렇게 본격적인 하나님 자녀로
서 신앙생활을 시작했고, 좋은 멘토를 만나 8년 정도 '말씀에 순종하며
사는 삶'이 어떤 것인지 배우고 훈련하였습니다. 신학교에 가게 되었을
무렵에는 저와 같은, '교회 안에 있으나 종교생활을 하는 이들'을 돕고
자 하는 마음을 갖게 되었고요.

신학교를 졸업하고 전임사역자가 되면서 2017년부터 2019년까
지 청년부를 맡아 사역했는데 당시 청년부에 새가족으로 등록하는 청
년은 딱 두 부류였습니다. 타 교회에서 수평이동을 한 청년이거나 교회
에 처음 오는 청년들이었습니다. 청년 때 주님을 만난 저로서는 약간
의 거룩한 부담감이 있었습니다. 다른 교회에서 온 청년들은 이전에 있
던 교회와 목회자가 복음을 잘 전했으리라 책임을 그분들께 돌렸고, 제
가 담당한 청년부에서 처음 신앙생활하는 청년들에게만큼은 직접 복음

을 명확히 전해야겠다 싶었습니다. 주님이 나중에 저에게 왜 복음을 명확히 전하지 않았느냐 물으실까, 하는 두려운 마음에서였습니다. 그렇게 복음을 전하면서 복음의 가치를 저 스스로 새롭게 맛보는 기회가 되었고, 복음을 통해 이전과는 전혀 다른 삶을 사는 이들을 보면서 가슴이 뛰었습니다.

그렇게 복음으로 성장하고 성숙하는 이들을 보면서 많은 심방과 교회사역에 힘들어하면서도 막연히 '복음을 전하고, 양육하는 일에 조금 더 집중'하고 싶은 마음이 강하게 들었습니다. 당시 부목사로 담당한 교회사역과 목양은 분명 제게 소중하고 의미 있는 일이었지만 조금 더 복음전도와 양육에 집중하고 싶다는 갈증은 점점 더 커져만 갔습니다. 절대로 개척하지 않겠다고 약속하고 결혼한 아내에게 "개척하고 싶다"라고 말했고, 그 후로 한동안 아내와 저는 접점을 찾지 못해 힘든 시간을 보내기도 했습니다.

정말 주님이 제가 개척하기를 원하시는지 알고 싶어 사람들도 만나보고, 기도도 하면서 아직은 때가 아니라는 것으로 판단하여 조금 더 주님의 인도하심을 구하기로 마음을 먹고 1년을 더 보냈습니다. 1년 정도가 지났을 때도, 복음전수자의 삶을 살고 싶은 마음은 여전했습니다. 저는 구체적으로 하나님께서 표징을 보여주시길 기도했습니다. 누군가 함께 개척하자고 요청을 하거나, 어느 작은 공동체가 저를 초청해주지는 않을까 싶은, 대단히 기적적인 어떤 일을 기대했습니다. 그러나 그런 일은 전혀 일어나지 않더군요.

여느 때와 같은 평범한 교역자 경건회 때, 함께 읽었던 요한복음 11장 나사로의 이야기를 통해 하나님은 제게 큰 감동을 주셨습니다.

이 말씀을 하시고 큰 소리로 나사로야 나오라 부르시니 죽은 자 가 수족을 베로 동인 채로 나오는데 그 얼굴은 수건에 싸였더라 예수께서 이르시되 풀어 놓아 다니게 하라 하시니라 (요한복음 11: 43-44, 개역개정)

죽은 나사로를 살리셨을 때, 무덤에 묻힌 나사로에게서는 어떠한 살아날 징조도 없었습니다. 수족은 베로 동인 채였고, 얼굴은 수건에 싸인 상태였습니다. 오롯이 나사로를 살리신 것은 예수님께서 "나사로야 나오라" 말씀하신 것이 전부였습니다.

이 말씀을 읽는데, 주님은 제게 어떤 징조, 가능성을 구하지 말고 믿음으로 걸음을 내딛으면 일하시겠다는 감동을 주셨습니다. 너무나 큰 감동이며 떨림이었기에 무모한 한 걸음을 내딛기로 결정했습니다. 지금 생각해도 정말 무모했죠. 저는 아내에게 확고한 뜻을 전했고, 아내는 포기한 듯 마음대로 하라고 했습니다. 그렇게 저는 곧바로 순종하기로 했습니다. 당시 섬기던 담임목사님께 무작정 찾아가 개척을 하겠다고 말씀드렸습니다. 담임목사님은 조금 당혹스러워하셨지만, 왜 그런 마음을 먹었는지, 어떻게, 어디서 할 것인지 구체적으로 물으셨습니다. 저는 준비된 것도, 구체적인 계획도 없으며, 주님이 마음을 주셔서 순종하기로 했다고 말씀드렸습니다. 목사님은 기도해보자고 하셨고, 그 다음주인 수요일 저녁예배 전에 저를 부르셨습니다. 코로나 시기이니 무작정 개척하는 것보다는 목회자가 필요한 어려운 교회를 가는 것이 어떻겠냐고 제안하셨습니다. 그렇게 저는 기도했고, 제게 처한 상황을 고려해 현재 사역하고 있는 이곳으로 오게 되었습니다. 어려울 것을 예상했지만, 생각한 것보다 훨씬 더 어렵다는 생각을 하고 있습니다. 그래도 때마다 일마다 주님의 도우심과 은혜로 여기까지 온 듯합니다. 최근 로랑스 드빌레르가 쓴『모든 삶은 흐른다』라는 책을 읽으며 제 마음에 와 닿은 글귀가 하나 있습니다.

> 바다는 파도가 오지 않도록 억지로 막거나 무리하지 않는다. 바꿀 수 없는 것을 바꾸려 하지 않는다. 그냥 다가오는 것을 그대로 받아들인다. 수많은 연주자는 실제로 교향곡을 작곡한 적이 없어도 자기만의 곡으로 연주하려고 최선을 다한다. 파도의 주인이 아니면 어떤가. 파도를 지배하는 주인은 아니어도 당당히 항해할 수 있다. -로랑스 드빌레르, 『모든 삶은 흐른다』 중-

쓴 글들을 한데 모아 지난날들을 한눈에 보니 저의 삶은 특별할 것 없는 참으로 평범한 날들이었다는 생각이 듭니다. 당시에는 굉장히 힘들고 고통스럽다고 느꼈고, 스스로 큰 각오와 중대한 결정을 내리며 여기까지 왔다고 생각했는데 말입니다.

대신 저의 삶을 이끄신 파도의 주인, 내 삶을 작곡하신 주님이 어렴풋이 보입니다.

앞으로도 바다와 같이 파도를 맞으며, 그대로 받아들이기로 용기 내봅니다. 수많은 연주자와 함께 최선을 다해, 내 삶을 작곡하신 분을 따라 연주하려 최선을 다해 보렵니다.

크고 대단한 일을 하기보다 매일매일 내 주님 안에 살며, 감격하며, 신음하며, 따라가고 싶습니다.

2025년 1월

박경일